Die Deutsche Bibliothek – CIP-Einheitsaufnahme

Landa, Norbert:
Wale und Delphine / Norbert Landa.
Ill. von Frank Rosenzweig
1. Aufl. – Bindlach: Loewe, 1993
(Frag mich was; Bd. 8)
ISBN 3-7855-2521-4

FRAG MICH WAS – Band 8

ISBN 3-7855-2521-4 – 1. Auflage 1993
© 1993 by Loewes Verlag, Bindlach
Umschlagillustration: Frank Rosenzweig
Umschlagtypographie: Karin Roder
Satz: Voro, Rödental
Gesamtherstellung: Svoboda, Prag
Printed in ČSFR

FRAG MICH WAS

Wale und Delphine

Von Norbert Landa

Illustriert von Frank Rosenzweig

Loewe

Inhalt

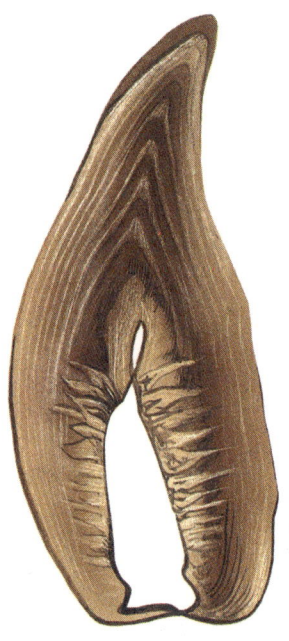

Wale und ihre Geschichte

Weshalb hielt man Wale früher für Fische?

Bis vor etwa hundert Jahren wußten nur Walfänger etwas über Wale. Sie kümmerten sich nicht besonders um die Unterschiede zwischen Fischen und Säugetieren. Wale und Delphine hatten fischähnliche Haut, sahen aus wie Fische, hatten Flossen und Schwanz wie Fische – also hielt man sie für Fische.

Es war ein Philosoph, der zuerst behauptete, daß die Wale Säugetiere sind. Der Grieche *Aristoteles* erkannte schon vor 2300 Jahren, daß diese Meerestiere durch Lungen Luft atmeten und folglich keine Fische sein konnten.

Die Einsicht des Aristoteles entsprach jedoch nicht der landläufigen Einstellung. Schon wenig später, im ersten Jahrhundert unserer Zeitrechnung, behauptete der Naturforscher und Oberbefehlshaber der römischen Seestreitkräfte *Plinius*: Wale sind Fische, also Walfische.

Dabei blieb es mehr als anderthalb Jahrtausende. Erst der schwedische Naturforscher *Carl von Linné*, der für die Festlegung unserer modernen Einteilung der Tiere (in Stamm, Unterstamm, Klasse, Ordnung, Familie, Gattung und Art) verantwortlich ist, stellte klar: Wale und Delphine gehören zur Klasse der Säugetiere und nicht zur Klasse der Fische.

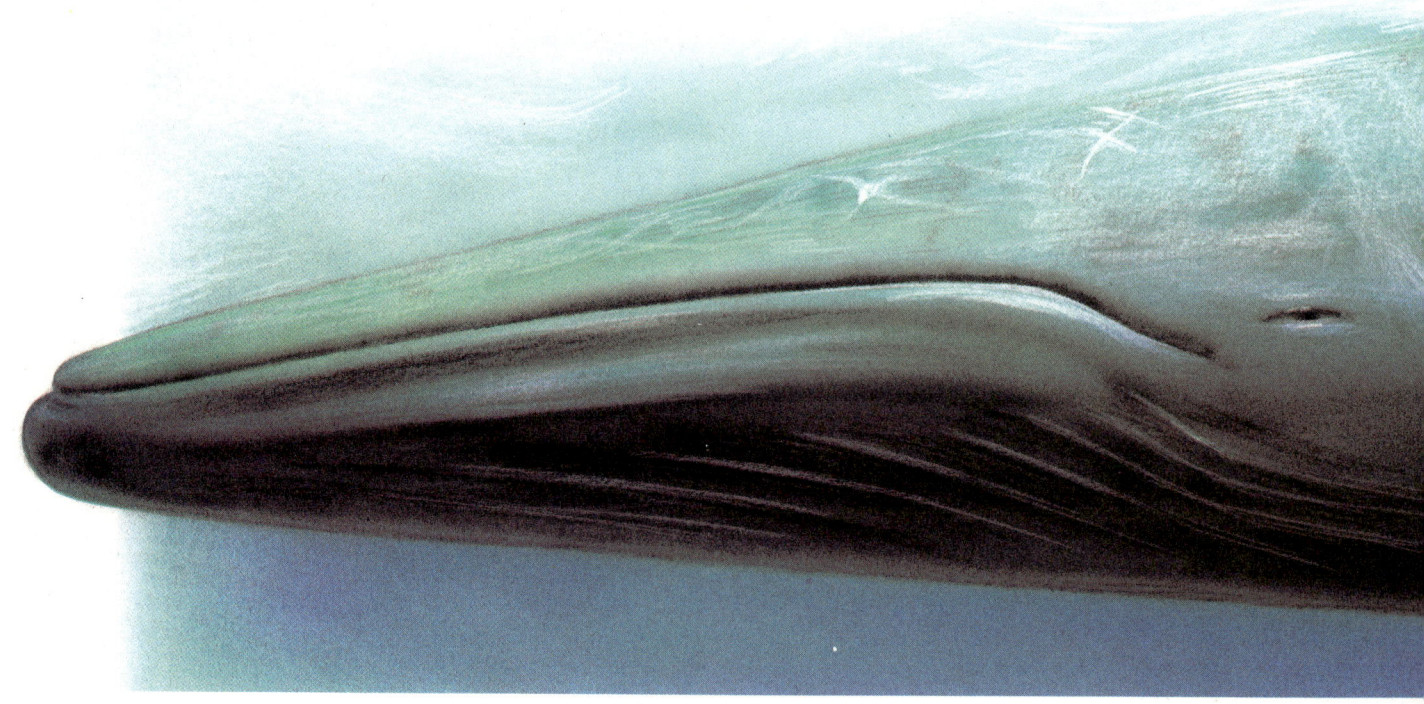

Lebten die Vorfahren der Wale auf dem Land?

Im vorigen Jahrhundert bauten Zoologen in den naturkundlichen Museen die ersten Walskelette auf. Die gewaltigen Gebilde waren überaus beeindruckend: Erstmals konnten sich auch „Landratten" vorstellen, welch riesenhafte Geschöpfe in unseren Meeren beheimatet sind. Den Fachleuten brachte der Vergleich der Walskelette mit den versteinerten Knochen von ausgestorbenen Landsäugetieren eine Überraschung anderer Art. Man fand heraus, daß Wale Vorfahren hatten, die ebenfalls auf dem Land gelebt haben mußten. Wale hatten sich also an Land entwickelt und wurden erst später zu Wassertieren.

Ein Blauwal gleitet majestätisch durch das Wasser. Das größte Tier aller Zeiten kann über 25 Meter lang und 150 Tonnen schwer werden.

Wann gingen die Wale zurück ins Meer?

Alle Landlebewesen haben sich ursprünglich im Meer entwickelt. Die ersten *Amphibien* – Lebewesen, die an Land und im Wasser leben konnten – krochen vor 325 Millionen Jahren auf ihren flossenartigen Beinstummeln an Land und besiedelten das Festland. Vor 300 Millionen Jahren waren diese *Lurche* und später auch *Reptilien* schon auf der ganzen Welt verbreitet.

Vor 200 Millionen Jahren beherrschten die *Dinosaurier* alle Erdteile, die damals noch zum Superkontinent *Pangaea* zusammengeschlossen waren. Ihre Herrschaft endete vor 65 Millionen Jahren. Das Erbe traten die Säugetiere an. Sie spezialisierten sich immer stärker auf verschiedene Lebensräume. Unter diesen Spezialisten waren auch behaarte vierbeinige Raubtiere, die vor etwa 60 Millionen Jahren begannen, in das Meer zurückzuwandern. Sie paßten sich wieder an das Leben im Wasser an und wurden zu Walen.

Amphibien Echsen

Drepanaspis Dynichthys

Vor 600 Mio. Jahren   400   325–300

Welche Vorteile hatte das Leben im Wasser für Wale?

Mit den Dinosauriern waren nämlich auch ihre Verwandten, die *Ichthyosaurier* (Fischsaurier), verschwunden. Plötzlich war auch im Meer Lebensraum frei, und ein üppiges Nahrungsangebot mit Fischen und Muscheln lockte. Scharfe Konkurrenz durch andere Säugetierarten auf dem Land und reichlich Futter im Meer waren wohl die Gründe, warum die Vorfahren der Wale ins Wasser zurückkehrten.

Das klingt alles sehr einfach. In Wirklichkeit war es ein Vorgang, der sich über viele Millionen Jahre hinzog. Diejenigen Tiere, die mit den Verhältnissen im Wasser besser zurechtkamen, überlebten. Die besseren Chancen hatten immer die Lebewesen, die schneller an ihr Futter herankamen – weil sie zum Beispiel rascher schwimmen oder tiefer tauchen konnten. Wer überlebte, konnte Junge bekommen, und diese Jungen erbten oft die für das Leben im Wasser günstigen Merkmale und vererbten sie weiter.

Land- und Meeressaurier

Säugetiere

Urwal

200   65–60   0

Die Vorfahren der Wale und Delphine waren landlebende Säugetiere. Vor etwa 60 Millionen Jahren begann ihre Entwicklung zu den perfekten Wassertieren von heute.

Was machte der Wal aus seinen Hinterbeinen?

Man kann sich kaum verschiedenere Tiere denken: auf der einen Seite den flinken Vierbeiner von damals, der sich seine Beute an Land und in den Sümpfen zusammenraubte und der nach Meinung von Fachleuten kaum seetüchtiger war als ein *Nilpferd*. Und auf der anderen Seite den perfekt an das Leben im Meer angepaßten, fischförmigen Wal von heute. Und doch hat ein Walskelett praktisch alle wichtigen Knochen, die auch ein Hund, eine Katze oder ein Mensch hat.

Jene Teile des Skeletts, die im Wasser unbrauchbar waren, sind bis auf kümmerliche Reste zurückgebildet worden. Hierzu gehören die Knochen der Hinterbeine. Im Laufe von zehntausenden Generationen haben die Wale eine Schwanzflosse ausgebildet. Die Hinterbeine waren jetzt überflüssig, wenn nicht sogar hinderlich. Von nun an mußten die Wale freilich ganz im Wasser bleiben und konnten nicht mehr an Land leben.

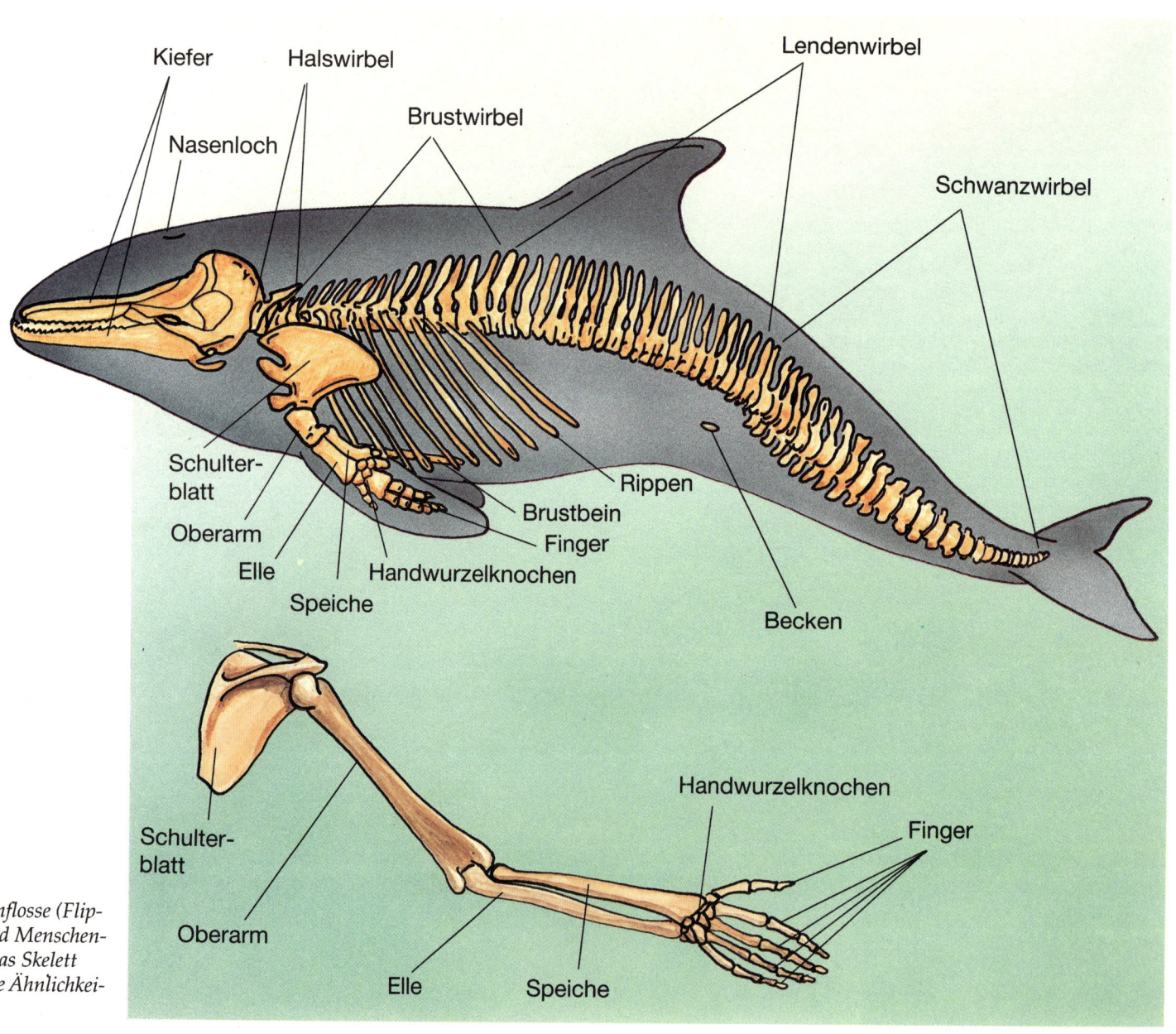

Delphinflosse (Flipper) und Menschenarm: Das Skelett zeigt die Ähnlichkeiten.

12

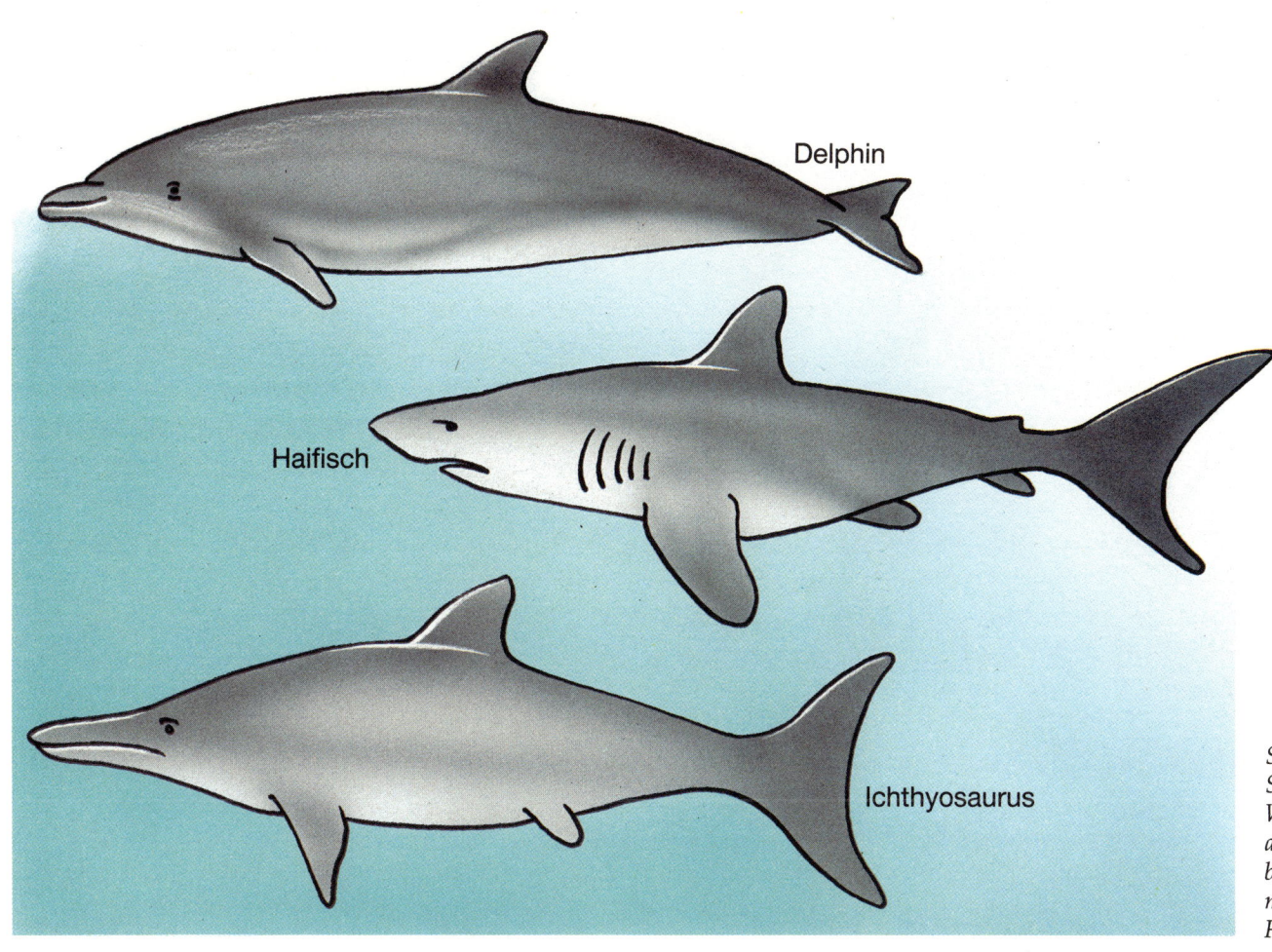

Delphin

Haifisch

Ichthyosaurus

Säugetier, Fisch, Saurier: Wer im Wasser schnell vorankommen will, braucht eine strömungsgünstige Form.

Weshalb haben Wale und Delphine den Körper eines Fisches?

Für Lebewesen, die sich im und unter Wasser schnell fortbewegen müssen, ist die Fischform am vorteilhaftesten. Sie bietet dem Wasser den geringsten Widerstand. Viele verschiedene Wasserlebewesen haben in getrennten Entwicklungen diese Fischform herausgebildet: Fische, Wale, tauchende *Robben* und *Pinguine*.

Wenn also verschiedene Tiere unter den gleichen Bedingungen leben, dann sehen sie oft ähnlich aus, obwohl sie miteinander überhaupt nicht verwandt sind. *Fledermäuse* haben Ähnlichkeiten mit Vögeln, weil man eben nur mit Flügeln fliegen kann. Pinguine wiederum sind Vögel, aber aus ihren Flügeln sind Flossen geworden, mit denen sie schwimmen wie Delphine.

Was unterscheidet Fischflossen von Walflossen?

Fische bewegen ihre Schwanzflossen hin und her. Wale haben eine andere Antriebsart entwickelt. Ihre Schwanzflosse, die sogenannte *Fluke*, schlägt von oben nach unten. Um die gewaltigen Kräfte umsetzen zu können, die einen Wal durch das Wasser schießen lassen, arbeitet im hinteren Teil der Wirbelsäule ein raffiniertes System von Muskeln und Sehnen. Die Fluke selbst ist knochenlos, während die Fischflosse vom Skelett gestützt wird. Die gewaltige Wirbelsäule eines Wals wird zur Schwanzflosse hin immer kleiner und endet in kleinen Knochen von der Form und Größe von Billardkugeln. Der *Finnwal*, der schnellste aller großen Wale, kann Spitzengeschwindigkeiten von 50 Stundenkilometern erreichen.

13

Wie sahen die ältesten Wale aus?

Die urtümlichsten Wale, von denen versteinerte Reste entdeckt wurden, lebten vor 45 Millionen Jahren in Afrika und Amerika. Sie hatten eine schlangenförmige Gestalt und spitze Schnauzen. Obwohl manche dieser Urwale (Archaeoceti) noch Hinterbeine hatten, waren sie wohl schon zu unbeholfen, um noch an Land krabbeln zu können. Andere sahen bereits wie Delphine aus. Die Urwale wurden zwischen zwei und 20 Meter lang.

Für einen Saurier hielt man zuerst die Überreste eines Urwals, dessen 40 Millionen Jahre alte Fossilien vor 150 Jahren in den USA gefunden wurden. An der Fundstelle lagen allerdings die Überreste von zwei Exemplaren, deren Wirbelknochen die Ausgräber irrtümlich aneinandergereiht hatten. So kam man auf die imponierende Länge von 32 Metern – und ein so riesiges Tier konnte wohl nur ein Dinosaurier sein. Die Wissenschaftler gaben ihm den Namen Basilosaurus (Königssaurier).

Erst später entdeckte man den Irrtum. Das fragliche Tier war erstens viel kürzer gewesen – etwa 20 Meter – und zweitens kein Saurier, sondern ein Säugetier. Der schlangenförmige Urwal wurde dann in Zeuglodon umgetauft. Er wog ungefähr fünf Tonnen. Wir wissen nicht, ob er schon eine Schwanzflosse hatte.

So müssen die längst ausgestorbenen Urwale wohl ausgesehen haben: Oben ein Urwal der Art Zyhohriza kochii, unten das Skelett und die Umrisse von Zeuglodon.

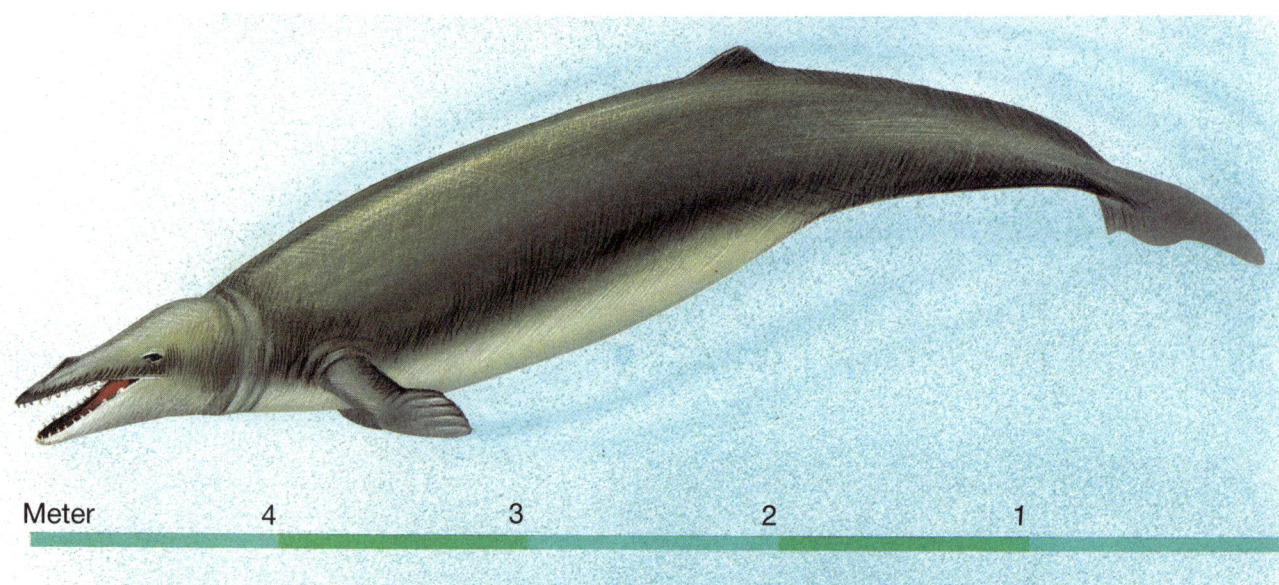

Meter	4	3	2	1

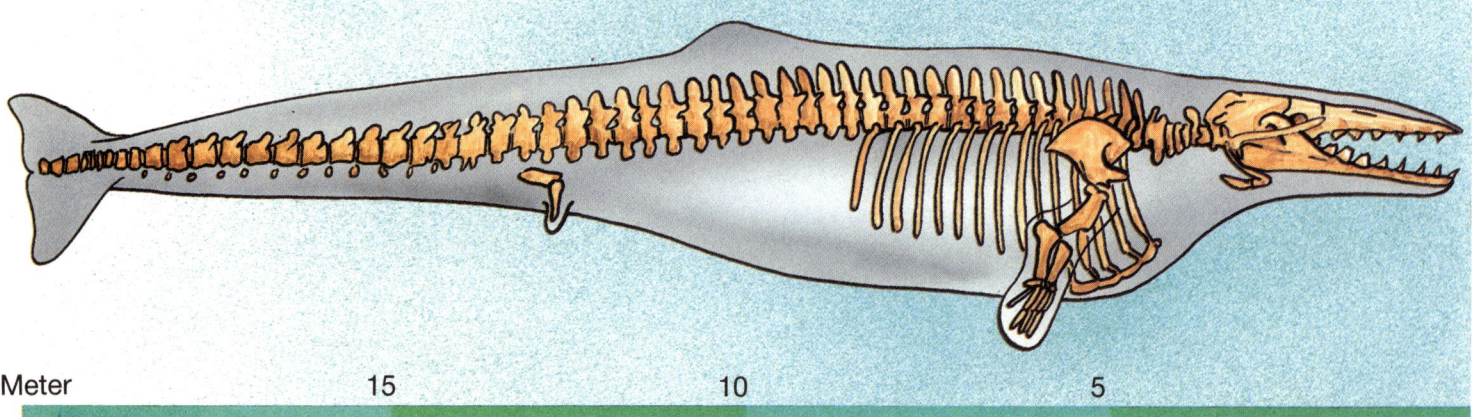

Meter	15	10	5

Die mächtige Fluke eines Buckelwals

Weshalb können Wale besser tauchen als Fische?

Fische bleiben, von eigentümlichen Ausnahmen wie den *Fliegenden Fischen* abgesehen, immer unter Wasser. Und sie halten sich fast immer in der gleichen Wassertiefe auf. Wale und Delphine hingegen müssen immer wieder auftauchen, um Luft zu holen, und dann wieder in tiefere Bereiche abtauchen. Deshalb schlägt die Fluke von Walen auf und ab. Diese Flossenstellung macht sie wendig beim Ab- und Auftauchen; Fische mit ihren senkrechten Flossen können besser nach links oder rechts „abbiegen".

Mit ihren *Flippern*, also den Vorderflossen, steuern Wale ihre Lage und Schwimmrichtung. *Buckelwale* haben besonders lange Flipper und können sich damit schraubenförmig im Kreis drehen. Die meisten Wale haben eine *Finne*, eine Rückenflosse. Sie hilft ihnen, auf geradem Kurs das Meer zu durcheilen.

Sind Delphine richtige Wale?

Die heute vorkommenden Wale werden in zwei Unterordnungen eingeteilt: in die *Bartenwale* und in die *Zahnwale*. Zu den Bartenwalen (*Mystacoceti*) gehören die Familien der *Glattwale*, der *Grauwale* und der *Furchenwale*. Auch der größte aller Wale, der majestätische *Blauwal*, ist ein Furchenwal. Die Delphine hingegen gehören zur Unterordnung der Zahnwale. Delphine sind also richtige Wale, zusammen mit den *Pottwalen*, *Schnabelwalen*, *Narwalen* und *Schwertwalen*.

Zoologisch gesehen gehören Delphine zu den Walen. Der berühmte Fernsehdelphin *Flipper* ist ein *Eigentlicher Delphin* und gehört zur Gattung der *Großen Tümmler*. Zu den Delphinen oder Delphinartigen gehören auch die Schwertwale, die *Grindwale*, die *Schweinswale* und die verschiedenen Arten von *Flußdelphinen*.

Wale auf einen Blick

Hier ein Überblick über die zoologische Einteilung der verschiedenen Walarten. Es gibt zwei große Unterordnungen, nämlich die Bartenwale und die Zahnwale, die wiederum in verschiedene Überfamilien, Familien, Unterfamilien und Gattungen eingeteilt werden.

Ein Beispiel soll dir zeigen, wie du die Systematik lesen kannst. Der **Große Tümmler** gehört zur Gattung der **Tümmler**. Die Gattung der Tümmler ordnet man der Unterfamilie der **Eigentlichen Delphine** zu. Diese Unterfamilie

gehört zur Familie der **Delphine** und diese wiederum zur Überfamilie der **Delphinartigen**. Diese Überfamilie bildet nun zusammen mit anderen Überfamilien die Unterordnung der **Zahnwale**. Zahnwale gehören zur Ordnung der **Waltiere**.

Die Ordnung der Waltiere gehört zur Klasse der Säugetiere. Säugetiere bilden zusammen mit Fischen, Reptilien und Vögeln den Unterstamm der Wirbeltiere und gehören zum Stamm der Rückgrattiere.

Unterordnung Zahnwale
(Odontoceti)

Überfamilie Pottwalartige		Überfamilie Flußdelphinartige (Platanistoidea)			Überfamilie Narwalartige (Monodontoidea)
Familie Pottwale	**Familie Schnabelwale**	**Familie Gangesdelphine**	**Familie Inias**	**Familie La-Plata-Delphine**	**Familie Gründelwale**
Gattung Physeter	*Gattung Entenwale*	*Gattung Platanista*	*Gattung Inia*	*Gattung Stenodelphis*	*Gattung Delphinapterus*
Pottwal	Nördlicher Entenwal	Gangesdelphin*	Amazonasdelphin	La-Plata-Delphin*	Weißwal
Gattung Kogia	Südlicher Entenwal		*Gattung Lipotes*		*Gattung Monodon*
Zwergpottwal*	*Gattung Schwarzwale*		Chinesischer Flußdelphin*		Narwal*
	Bairdwal*				
	Südlicher Schwarzwal				
	Gattung Ziphius				
	Cuvier-Schnabelwal				
	Gattung Zweizahnwale				
	Sowerby-Zweizahnwal				
	Gerais-Zweizahnwal				
	Layardwal				
	Truewal				

Die mit einem *
versehenen Tiere
sind abgebildet.

Unterordnung Bartenwale (Mystacoceti)

Familie Glattwale	Familie Grauwale	Familie Furchenwale
Gattung Balaena	*Gattung Eschrichtius*	*Gattung Finnwale*
Grönlandwal	Grauwal*	Blauwal
Gattung Eubalaena		Zwergblauwal
Nordkaper*		Finnwal
Nordpazifik-Glattwal		Brydewal
Glattwal		Seiwal
		Zwergwal*
		Gattung Megaptera
		Buckelwal

Unterordnung Zahnwale (Odontoceti)

Überfamilie Delphinartige

Familie Schweinswale	Familie Langschnabel-Delphine (Stenidae)	Familie Delphine (Delphinidae)			
		Unterfamilie Glattdelphine	Unterfamilie Eigentliche Delphine	Unterfamilie Schwarz-Weiß-Delphine	Unterfamilie Schwert- und Grindwale
Gattung Phocaena	*Gattung Steno*	*Gattung Lissodelphis*	*Gattung Fleckendelphine*	*Gattung Cephalorhynchus*	*Gattung Grindwale*
Pazifischer Schweinswal	Rauhzahndelphin	Nördlicher Glattdelphin	Blauweißer Delphin	Commersondelphin*	Gewöhnlicher Grindwal
Hafenschweinswal*	*Gattung Sotalia*	Südlicher Glattdelphin*	Schlankdelphin		Indischer Grindwal
Brillenschweinswal	Amazonassotalia		Zügeldelphin		Pazifischer Grindwal
Gattung Phocaenoides	Guyanadelphin		*Gattung Eigentliche Delphine*		*Gattung Feresa*
Dall-Hafenschweinswal	*Gattung Sousa*		Gemeiner Delphin		Zwerggrindwal
Gattung Neophocaena	Kamerunflußdelphin		*Gattung Grampus*		*Gattung Orcaella*
Indischer Schweinswal	Chinesischer Weißer Delphin*		Rundkopfdelphin*		Irawadidelphin
			Gattung Tümmler		*Gattung Pseudorca*
			Großer Tümmler		Kleiner Schwertwal*
			Rotmeertümmler		*Gattung Orcinus*
			Gilltümmler		Schwertwal
			Gattung Lagenodelphis		
			Borneodelphin		
			Gattung Lagenorhynchus		
			Weißseitendelphin		
			Weißschnauzendelphin		
			Weißstreifendelphin		

So unterscheiden sich die vielen Walarten

Die meisten Walforscher glauben, daß alle Waltiere einen gemeinsamen Urahnen hatten: ein räuberisches, vierbeiniges Säugetier. Vielleicht stammen jedoch die beiden großen Gruppen, die Zahnwale und die Bartenwale, von ganz verschiedenen Vorfahren ab. Zwar haben alle Waltiere eine Reihe von Gemeinsamkeiten: Sie bringen ihre Jungen im Wasser zur Welt, säugen sie mit Muttermilch, sie haben warmes Blut und einen fischförmigen Körper. Doch sie unterscheiden sich nicht nur in „technischen" Einzelheiten voneinander – etwa wie sie tauchen, atmen, fressen, hören. Auch die äußerlichen Unterschiede sind sehr groß.

Größe

Blauwale sind durchschnittlich 25 Meter lang und wiegen um die 150 Tonnen – soviel wie 2000 Menschen. Die kleinsten Wale, die Commersondelphine, werden anderthalb Meter lang und wiegen höchstens soviel wie ein erwachsener Mensch. Die größten Wale werden also 15mal so lang und 2000mal so schwer wie die kleinsten.

Kopfform

Blauwal und Buckelwal haben einen langgestreckten, stromlinienförmigen Kopf, Pottwale einen dicken, stumpfen Kopf und Schnabelwale oder Delphine eine schnabelförmige Schnauze. Beim Grönlandwal entfällt ein ganzes Drittel der Körperlänge auf den Kopf, bei Delphinen nur ein Siebtel (wie beim Menschen).

Flipper

Die Brustflossen des Wals nennt man auch Flipper. Der Buckelwal hat weit ausgreifende Flipper. Andere Großwale, wie der Blauwal oder der Pottwal, kommen mit kurzen Stummeln zurecht.

Blasloch

Bartenwale haben zwei Blaslöcher (Nasenlöcher), Zahnwale nur eines. Deshalb sieht der Blas verschieden aus. Fachleute können auch einzelne Walarten an der Art des Blases (zerstäubt oder konzentriert, senkrecht oder schräg) unterscheiden.

Finne

Die meisten Wale haben eine Rückenfinne, die ihnen beim Schwimmen Stabilität verleiht. Die Finne der meisten Delphine ist sichelförmig.

Manche Zahnwale, wie der Pottwal, haben eine runde, manche Bartenwale (wie der Finnwal) eine eher dreieckige Finne. Weißwal, Narwal oder der Südliche Glattdelphin haben überhaupt keine Rückenflosse.

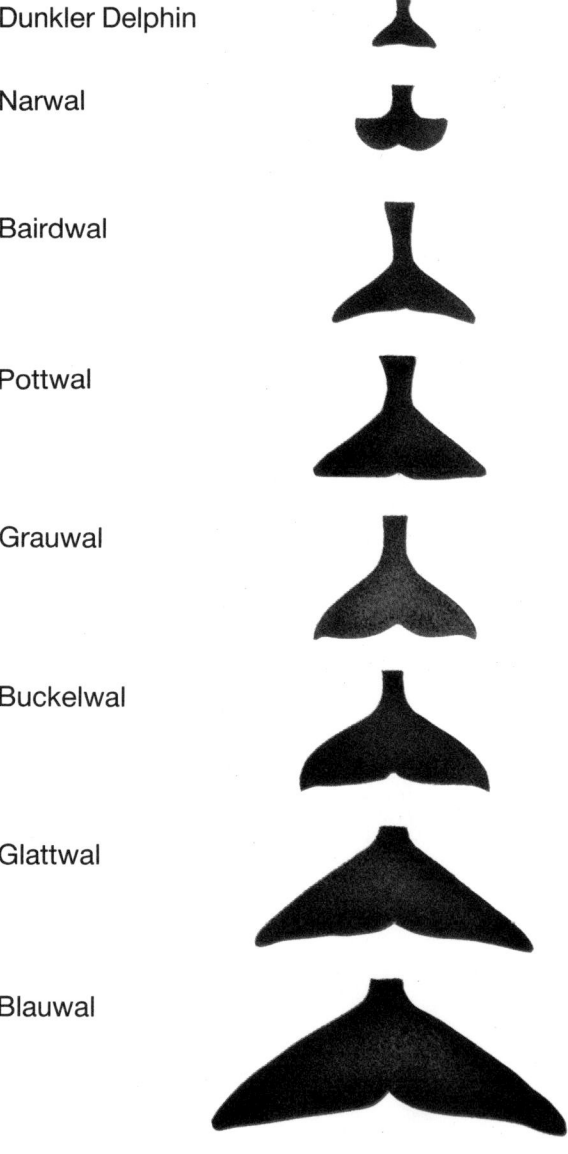

Dunkler Delphin

Narwal

Bairdwal

Pottwal

Grauwal

Buckelwal

Glattwal

Blauwal

Auch an der Fluke (Schwanzflosse) lassen sich Wale gut voneinander unterscheiden.

Bartenwal

Zwei Nasenlöcher

Auge

Ohr

Finne

Fluke

Oberkiefer

Unterkiefer

Barten

Kehlfurchen
(nur bei Furchenwalen)

Flipper

Zahnwal

Ein Nasenloch

Auge

Finne

Schnabel

Zähne

Ohr

Unterkiefer

Flipper

Fluke

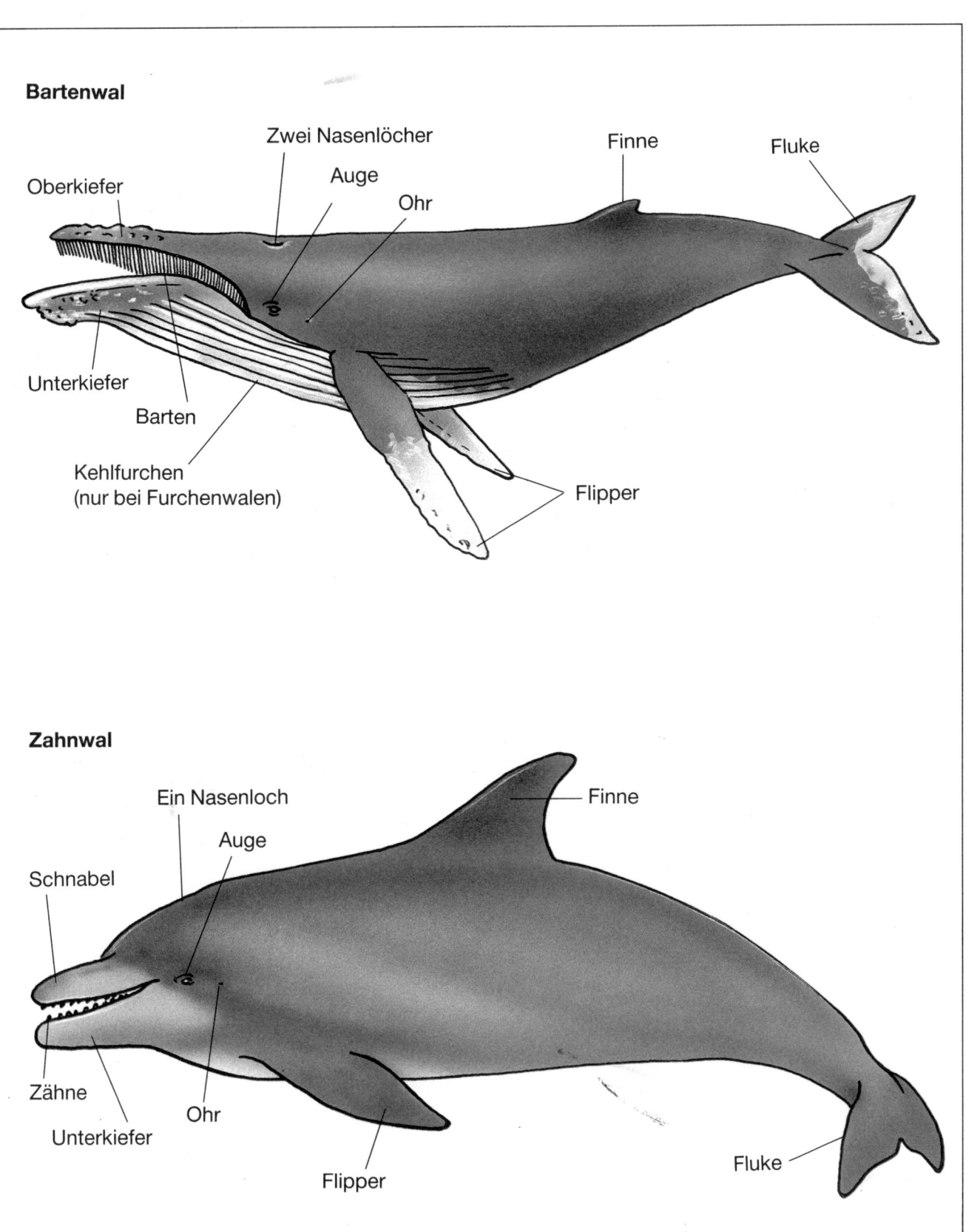

19

Die Legende vom Wal, die Sage vom Delphin

Wo wird zum ersten Mal von einem Wal berichtet?

Die gigantische Gestalt der Wale hat die Phantasie der am Meer lebenden Völker schon immer zu abenteuerlichen Geschichten angeregt. Eine der ältesten Erzählungen steht in der Bibel. Es ist die Geschichte von *Jonas*, dem Propheten. Jonas war Fahrgast auf einem Segelschiff vor den Küsten *Palästinas*, als ein gewaltiger Sturm losbrach, der das Schiff in den Untergang zu reißen drohte. Die Matrosen glaubten, Gott sei zornig auf sie. Und sie beschlossen, ihm ein Menschenopfer darzubringen. Als Opfer suchten sie Jonas, den Passagier, aus und warfen ihn über Bord.

Gott freilich, so heißt es in der Bibel, „schuf einen großen Fisch, um Jonas zu verschlingen". Dieser Fisch also verschluckte den Propheten. Er verdaute ihn jedoch nicht, sondern trug ihn drei Tage lang im Magen durchs Meer und spuckte ihn dann an Land. Jonas war gerettet – durch einen Wal, wie man glaubte. Denn man konnte sich keinen anderen „Fisch" vorstellen, der groß genug war, um tagelang mit einem lebendigen, ausgewachsenen Propheten im Bauch herumzuschwimmen.

So stellte man früher Wale dar: als zerstörerische, menschenverschlingende Monster.

Wer war Leviathan?

Auch der furchtbare Meeresdrache *Leviathan*, von dem in der Bibel an anderer Stelle die Rede ist, hatte wohl einen Wal zum Vorbild. Leviathan ist das allesverschlingende Untier, das Ungeheuer der Unordnung. Die Autoren der Bibel stehen mit ihrer schlechten Meinung über Wale nicht allein. Überhaupt konnten sich die antiken Schriftsteller ein so gewaltiges Wesen gar nicht anders als ein furchtbares Monster vorstellen.

Der Grieche *Plutarch* zum Beispiel schrieb voller Entsetzen nieder, was ihm Matrosen erzählt hatten:

„Und was auch immer von außen in die Wirrnis im Rachen dieses Ungeheuers gerät – ein Tier, ein Boot, ein Stein –, es rutscht unrettbar in den abstoßenden Schlund hinunter und ist im bodenlosen Abgrund des Bauchs verloren."

An welche Walmonster glaubte man früher?

In mittelalterlichen Berichten wimmelt es nur so von blutrünstigen Monstern, die Schiffe und Besatzungen über die Weltmeere jagen. Da ist die Rede vom fabelhaften *Pferdewal* und vom *Rotwal*. Aber auch echte Walarten wie der Schweinswal und der Narwal werden beschrieben – aber als abscheulich mordlüsterne Kreaturen:

„Ihr Blutdurst ist niemals gestillt. In allen Himmelsrichtungen durchpflügen sie die Meere, um Schiffe zu finden. Sie versenken sie, indem sie in hohem Bogen auf die Schiffe springen und sie zerschmettern. Diese feindseligen Fische sind den Menschen zu Feinden bestimmt."

Gerade die isländischen Seeleute vergangener Zeiten waren von der Angst vor Walen gepeinigt. An Land sprach man hinter vorgehaltener Hand vom *Teufelswal* als von der Ausgeburt des Bösen.

Auf offener See hingegen war es verboten, das Wort „Wal" auszusprechen. Wem es dennoch über die Lippen rutschte, der bekam weniger zu essen. Denn der Teufelswal, so glaubte man, durchstreift die Meere nach Opfern, und wenn er seinen Namen hört, merkt er auf, stürzt herbei und schlägt zu.

Der Stoßzahn des Narwals ließ die Phantasie der Menschen nicht ruhen.

Wer landete auf einer Insel, die ein Wal war?

Geschichten von Seefahrern, die den Rükken eines schlafenden Wals für eine Insel gehalten und einen Ausflug an Land unternommen hatten, gibt es bei vielen Küstenvölkern. Der Wal erwachte, blies und tauchte unter, und die Seeleute wurden vom Strudel des abtauchenden Wals in die Tiefe gerissen. Diejenigen Matrosen, die im Boot geblieben waren, konnten sich mit knapper Not retten – wahrscheinlich um die Story in der nächsten Kneipe zum besten geben zu können.

Einen glücklicheren Ausgang nimmt die Legende vom heiligen *Brandanus*. Dieser irische Mönch wollte im Jahr 565 über den Atlantik segeln und das Heilige Land finden. Er und seine Kollegen mußten gewaltige Stürme und andere Prüfungen bestehen. Unter anderem landeten die irischen Missionare auf einer nicht sehr großen, dunklen Insel. Sankt Brandanus baute einen Altar und las eine Messe. Der Wal wachte auf, wurde unruhig – aber er blieb freundlich und ließ den heiligen Mann gewähren. Erst als alle an Bord waren, tauchte der Wal ab.

Was haben Einhörner mit Walen zu tun?

Eines der seltsamsten Gebilde, das die wunderbare Welt der Wale hervorgebracht hat, ist der Stoßzahn des Narwals. Zweieinhalb Meter lang wird dieser Elfenbeinstab, der dem etwa fünf Meter langen Walmännchen aus dem Maul wächst.

Im Mittelalter hatten die Menschen feste Vorstellungen, woher das seltsame gewundene Horn kommt. Sie hielten es für das heilkräftige Horn des sagenhaften *Einhorns*, und die Walfänger und Händler hatten kein Interesse daran, ihre Kunden auf dem Festland über die wahre Herkunft des teuren Materials aufzuklären. So erzählte man sich bald blühenden Unsinn. Wer sich mit Einhornpulver stärke, sei gegen Gifte ebenso gefeit wie gegen Wahnsinn und Herzkrankheiten. Es wurden deshalb enorme Beträge für das Horn des Einhorns bezahlt. Narwale wurden daher nach Kräften gejagt, obwohl ihre Hörner nicht mehr Heilkräfte haben als zum Beispiel die Backenzähne eines Menschen.

Oft wurden die Stoßzähne des Narwals als das Horn des sagenhaften Einhorns verkauft. Die mittelalterlichen Alchemisten und Apotheker wollten daraus wundersame Heilmittel gewinnen.

Weshalb rettete ein Delphin dem Koiranos das Leben?

Von alters her bis in die Gegenwart tauchen immer wieder Geschichten von Delphinen als Lebensretter auf. Die älteste handelt vom griechischen Sänger *Arion*. Piraten hatten den Musikanten über Bord geworfen, doch ein Delphin nahm sich seiner an und trug ihn ans Ufer.

Geradezu rührend ist die Geschichte eines Griechen namens *Koiranos*. Der antike Tierfreund wurde nämlich Zeuge, wie Fischer einen Delphin abstechen wollten, der sich in ihren Netzen verfangen hatte. Koiranos hatte Mitleid; er wollte die Fischer überreden, ihren Fang freizugeben. Doch die Fischer dachten gar nicht daran. Erst als der Tierfreund ihnen den Delphin abkaufte, ließen sie ihn frei. Dankbar schwamm der Delphin davon.

Auf einer Seereise wenig später erlitt das Schiff, auf dem Koiranos im Mittelmeer unterwegs war, vor der Insel *Mykonos* Schiffbruch. In höchster Not tauchte

22

Der berühmte weiße Wal Moby Dick war ein Albino.

plötzlich ein Delphin auf und schleppte Koiranos ans feste Land; alle anderen Fahrgäste und Matrosen ertranken.

Und sogar bei seiner Totenfeier viele Jahre später gedachten Delphine seiner. Der Verstorbene wurde eben am Strand eingeäschert, als im Hafen eine Schule dunkler Delphine auftauchte. Die seltsamen Trauergäste – so berichtet die Legende – näherten sich so weit wie möglich dem Ufer und verharrten dort, bis die letzten Flammen des Scheiterhaufens erloschen waren. Dann zogen sie sich wieder ins offene Meer zurück.

Wer war Moby Dick? | Den berühmten weißen Wal *Moby Dick* hat es tatsächlich gegeben. Der amerikanische Schriftsteller *Herman Melville* hat ihm in seinem Roman „Moby Dick" ein Denkmal gesetzt. Moby Dick war ein *Albino*, das heißt, er hatte keine Farbpünktchen auf der Haut. Deshalb war er tatsächlich weiß. Albinos gibt es bei allen Tieren, aber auch bei Menschen. Menschliche Albinos haben dann weiße Haare und rote Augen.

Der weiße Wal war von Fängern schon mehrmals in die Enge getrieben worden, konnte jedoch immer wieder entkommen. Kapitän *Ahab* sah den Sinn seines Lebens nur noch darin, Moby Dick, seinen „besten Feind", über alle Weltmeere zu jagen. Schließlich konnte er ihn erlegen. Dabei kam jedoch auch der Walfänger um und mußte seine Besessenheit mit dem Leben bezahlen.

Wer ritt auf einem Delphin zur Schule? | Der römische Admiral, Schriftsteller und Naturforscher Gaius Plinius Secundus (derselbe, der Wale hartnäckig für Fische hielt) berichtet von einem Schuljungen aus einem Dorf in der Nähe von Neapel, der jeden Tag gern zur Schule ging. Eigentlich ging er nicht, sondern in Wirklichkeit trug ihn ein Delphin täglich über das Meer zur Schule. Diese seltsame Freundschaft war vor 1900 Jahren in der ganzen Gegend Gesprächsstoff. Der freundliche Delphin soll im Laufe seines Lebens überdies einer ganzen Reihe von Schiffbrüchigen das Leben gerettet haben.

23

Die Spezialisten der Meere

Weshalb leben die größten Tiere der Welt im Wasser?

Die riesigen *Blauwale* mit ihren fast 150 Tonnen Gewicht könnten auf dem Land unmöglich existieren: Ihr eigenes Gewicht würde sie erdrücken. Auch stärkere Knochen würden da nicht viel helfen, da sie wiederum das Gesamtgewicht erhöhen würden. Das schwerste Landtier aller Zeiten war der *Brachiosaurus*, ein Dinosaurier, der wohl etwa 70 Tonnen gewogen hat. Das schwerste heute existierende Landtier ist der *Afrikanische Elefant*, der bis zu zehn Tonnen auf die Waage bringt.

Im Wasser kann der Auftrieb das Körpergewicht ausgleichen. Die Erdanziehung, die ein so schweres Tier plattdrücken würde, ist praktisch aufgehoben, und Wale können scheinbar schwerelos dahinschweben. Bei großen Walen müssen deshalb auch nur die Kieferknochen stark und schwer sein; das übrige Skelett ist porös und mit Öl getränkt, das viel leichter ist als Wasser.

Wie schnell sind Wale unterwegs?

Große Wale wie der Finnwal können eine Höchstgeschwindigkeit von 50 Stundenkilometern erreichen; das ist so schnell wie ein Radrennfahrer! Ihre Dauergeschwindigkeit liegt bei 22 bis 26 Stundenkilometern. Damit sind sie etwa so schnell wie moderne Passagierschiffe. Delphine erreichen ein ähnliches Tempo.

Erstaunlicherweise kann auch der 60 Tonnen schwere Pottwal mit seiner

stumpfen Schnauze fast 40 Stundenkilometer schnell sprinten. Über längere Strecken legt er 18 Kilometer in der Stunde zurück.

Das normale Tempo von Grau-, Glatt- und Buckelwalen beträgt etwa fünf Stundenkilometer. Wenn es darauf ankommt, können Grauwale und Glattwale ihre Geschwindigkeit verdoppeln; der Buckelwal bringt es sogar auf 18 Stundenkilometer.

Weshalb können Delphine so schnell schwimmen?

Bei gleichem Körperbau sind größere Wassertiere stets schneller als ihre kleineren Artgenossen. Das hängt mit dem komplizierten Verhältnis von Kraft und Körperform bei der Bewegung im Wasser zusammen. Es ist schon unglaublich, welche Geschwindigkeiten große Wale wie der Finnwal er-

Giganten unter sich: Der Brachiosaurus, der mächtigste Dinosaurier und der Blauwal, das größte Tier aller Zeiten. Daneben wirkt der Afrikanische Elefant, das größte heute lebende Landtier, recht klein.

25

reichen. Daß aber die kleineren *Tümmler* eine Dauergeschwindigkeit von etwa 25 Stundenkilometern schaffen, war den Fachleuten lange Zeit unerklärlich. Zum Vergleich: 25 Stundenkilometer ist das Durchschnittstempo eines olympischen Langstreckenläufers.

Um ihr Tempo durchzuhalten, müßten schnellschwimmende Wale, wie zum Beispiel Delphine, eigentlich viel stärker sein. Bei dieser Geschwindigkeit bilden sich nämlich normalerweise bremsende Wasserwirbel. Wieso nicht bei Delphinen? Des Rätsels Lösung liegt vermutlich in der Haut der Delphine. Sie gibt bei Druck, also auch bei Wasserdruck, nach und federt wieder zurück. Dadurch reißen Delphine beim Durchqueren des Wassers weniger Wirbel auf, sondern lassen die mitgerissenen Wasserschichten glatt aneinander entlanggleiten. Außerdem sondert die glatte Walhaut eine chemische Substanz ab, die das Tier leichter durchs Wasser schlüpfen läßt.

So schnell sind Wale unterwegs.

Wie viele PS hat ein großer Wal?

Ein Finnwal, der schnellste aller Großwale, setzt etwa 40 PS ein, um mit einem Tempo von 20 Stundenkilometern die Fluten zu durcheilen. Diese Geschwindigkeit kann der bis zu 25 Meter lange Wal stundenlang durchhalten. Seine Spitzengeschwindigkeit liegt bei 50 Stundenkilometern. Der mit 15 Meter Länge wesentlich kleinere Pottwal braucht ungefähr 20 PS, um seine Dauerleistung von Tempo 20 zu halten. Der etwa acht Meter lange Schwertwal braucht für diese Geschwindigkeit nur fünf Pferdestärken.

Die Spitzenleistung der Wale (beim Sprinten, Springen, Tauchen oder bei der Paarung) liegt um ein vielfaches höher. Sie haben beträchtliche Leistungsreserven, die sie aber nur für kurze Zeit beanspruchen können.

Grauwal

Buckelwal

Pottwal

Großer Tümmler

Finnwal

Schwertwal

Blau = Dauergeschwindigkeit
Blau + Rot = Spitzengeschwindigkeit

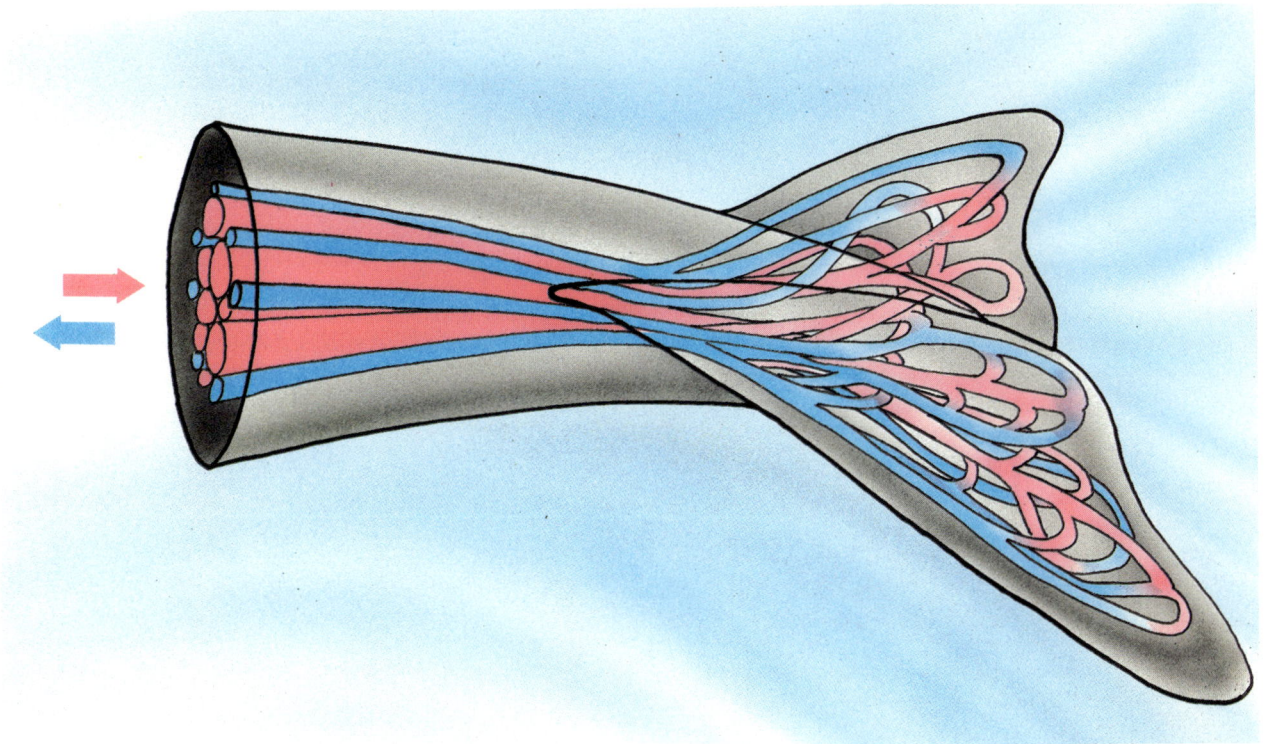

So funktioniert die „Kühlanlage" in der Walfluke: Warmes Blut (rot) wird abgekühlt und fließt als kühles Blut (blau) zurück.

Wie entgehen Wale einem Hitzestau?

Hunde hecheln nach einem anstrengenden Lauf, und Menschen schwitzen bei körperlicher Anstrengung. Durch Hecheln und Schwitzen führen Hunde und Menschen einen Teil der inneren Hitze ab, die entsteht, wenn die Muskulatur angestrengt arbeitet. Wale können das alles nicht. Sie sind gegen die Kälte des Wassers prächtig isoliert und stecken in einem regelrechten Speckmantel. Auf der anderen Seite jedoch müssen sie manchmal kräftig arbeiten, etwa um vor Walfängern oder einem Schwertwal zu fliehen. Auf diese Weise entwickelt sich eine enorm große Wärme.

Alle Wale haben daher ein eingebautes „Kühlsystem". Es verhindert, daß sie beim Schnellschwimmen an innerer Überhitzung zugrunde gehen. Sie leiten über die Schwanzflosse Hitze ab, so wie der Kühler eines Autos den Motor vor Überhitzung schützt. Dieses System arbeitet nach dem Prinzip des Wärmetauschers. Rund um „hitzegeladene" Blutgefäße liegt ein besonderes Netz von Adern, das mit der Schwanzflosse in Verbindung steht. Das in diesen „Kühlschlangen" zirkulierende kältere Blut kühlt die heißen Blutgefäße der Muskeln ab und nimmt dabei selbst Wärme auf. Als warmes Blut fließt es im Kühlkreislauf in Richtung Schwanzflosse. Dort liegen die Kühladern ziemlich dicht unter der nichtisolierten Haut und können daher ihre Wärme an das kalte Wasser abgeben. Auf diese Weise abgekühlt, fließt das Blut wieder in das Innere des Walkörpers zurück, um wieder Hitze aufzunehmen und abzutransportieren.

Dieses komplizierte System von Adern, Klappen und Ventilen schaltet sich bei Bedarf ein und aus – so wie wir Menschen bei Hitze schwitzen und bei Kälte eine Gänsehaut bekommen, weil sich die Haut zusammenzieht. Wird einem Wal beim schnellen Schwimmen heiß, schaltet sich die Kühlanlage ein; wird ihm kalt, schaltet sie sich wieder ab.

27

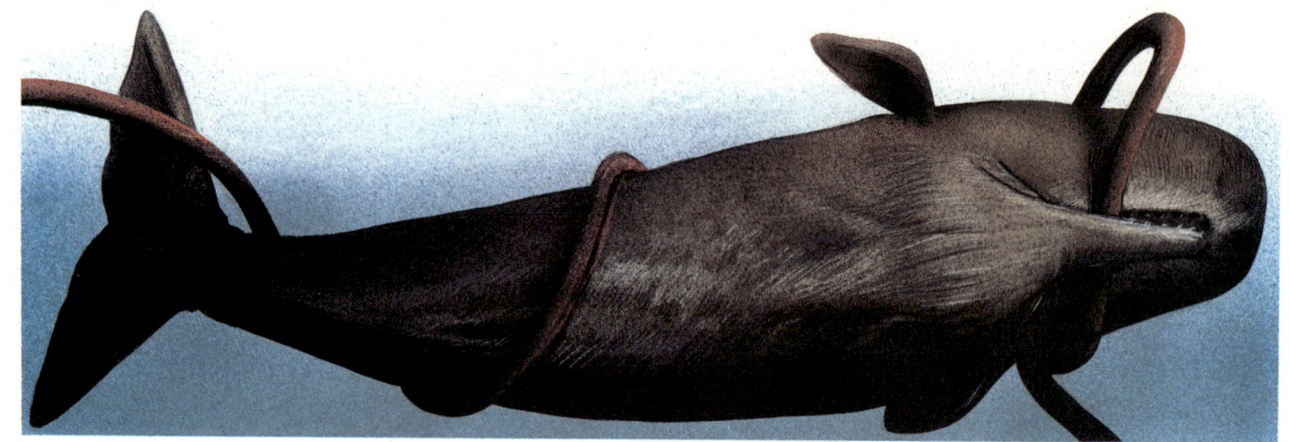

Manchmal verstrikken sich Pottwale in Tiefseekabeln und gehen dabei zugrunde.

In welche Tiefen kann der Pottwal tauchen?

Pottwale sind die leistungsfähigsten Taucher unter den Säugetieren. Sie erreichen Tiefen von mehr als einem Kilometer. Den grausigen Beweis dafür liefern immer wieder Pottwale, die sich in Tiefseekabeln verstricken, sich nicht mehr befreien können und einen elenden Tod erleiden. Man entdeckte die Überreste der gewaltigen Tiere, als man die beschädigten Kabel aus Tiefen zwischen 900 und 1000 Metern hochzog. In einem Fall wurde ein von einem Pottwal beschädigtes Kabel sogar aus der unglaublichen Tiefe von 2000 Metern geborgen.

Möglicherweise jedoch schaffen Pottwale sogar Tauchtiefen von 2500 Metern. Amerikanische Forscher schließen das aus Peilungen. Pottwale stoßen nämlich Geräusche aus, mit denen sie sich in der ewigen Finsternis der Tiefsee zurechtfinden. Diese Ortungsgeräusche werden von Forschern aufgezeichnet. Wenn man sie an drei verschiedenen Punkten gleichzeitig aufnimmt, kann man den Ursprungsort der Geräusche orten.

Von drei Peilpunkten aus kann die Tauchtiefe eines Wals ermittelt werden.

28

Wie tief tauchen Delphine?

Die Tauchtiefe kleiner Wale können Walforscher direkt ermitteln. Man bringt dressierte Delphine dazu, entlang eines senkrechten Kabels in die Tiefe zu tauchen und einen Signalschalter am Kabelende zu betätigen. Wenn man das Kabel jedesmal ein Stück tiefer in das Meer läßt, wird der dressierte Delphin irgendwann einmal seine äußerste Tauchtiefe erreicht haben und den Schalter nicht mehr drücken.

Andere Delphine werden eingefangen, mit einem Sender ausgerüstet und wieder in Freiheit entlassen. Das Gerät mißt den Wasserdruck und damit die Tauchtiefe des unfreiwilligen Versuchstiers; nach dem Auftauchen werden die Daten an die Versuchsstation übermittelt und dort ausgewertet.

Das Ergebnis der Untersuchungen: Delphine tauchen regelmäßig Fischschwärmen bis in Tiefen von 260 Metern nach. Die durchschnittliche Tauchtiefe beträgt etwas mehr als 50 Meter.

Weshalb haben Wale so kleine Lungen?

Bevor sich ein Pottwalbulle zum Tauchgang aufmacht, atmet er etwa zehn Minuten lang systematisch und regelmäßig durch. Nach etwa 60 Atemzügen hat er seine Sauerstoffspeicher aufgefüllt und kann jetzt 60 Minuten lang tauchen.

Im Verhältnis zur Körpergröße sind Wallungen erstaunlich klein. Sie dienen nämlich vor allem als Sauerstoff-Ladegerät und nicht als Speicher. Beim Tauchen bleibt kaum Luft in der Lunge eines Wals. Mit gefüllten Lungen müßte er auch einen „Luftballon" mit in die Tiefe schleppen! Fast aller Sauerstoff ist im Blut und in den Muskeln chemisch gespeichert.

Um aber schnell und wirksam Luft „pumpen" und die Speicher mit Sauerstoff füllen zu können, ist die Lunge eines Wals innen versteift. Im gesamten Atemapparat haben die Schläuche ringförmige Verstärkungen – so ähnlich wie der Schlauch eines Staubsaugers. Diese Versteifungen (in der Lunge des Wals

Ein Großer Tümmler mit Sendegerät auf Tauchfahrt

Hier nimmt der Pottwal Sauerstoff auf: Linker Nasengang und Lunge. Im Verhältnis zur Größe des Wals ist die Lunge recht klein.

und beim Staubsauger) sorgen dafür, daß die Schläuche offenbleiben und beim kräftigen Ansaugen von Luft nicht zusammenfallen.

Wale haben in ihrem Atmungsapparat außerdem ein raffiniertes Klappensystem. Die Absperrungen bestehen aus Muskeln, welche die Schläuche je nach Bedarf öffnen und schließen können. Mit Hilfe dieser Ventile gelingt es Walen mühelos, den ständig wechselnden Wasserdruck beim Tauchen auszugleichen.

chen aufnimmt und mit dem Blut in den ganzen Körper transportiert, und vom *Myoglobin* der Muskeln. Diese beiden Stoffe können sich beim Wal viel stärker als beim Menschen mit Sauerstoff anreichern.

Beim Auftauchen nach einer langen Tauchfahrt ist der Wal „leer". Er hat sich völlig verausgabt und braucht einige Minuten, um ruhig durchzuatmen. Walfänger wissen das und greifen einen Pottwal sofort an. Jetzt ist er eine leichte Beute.

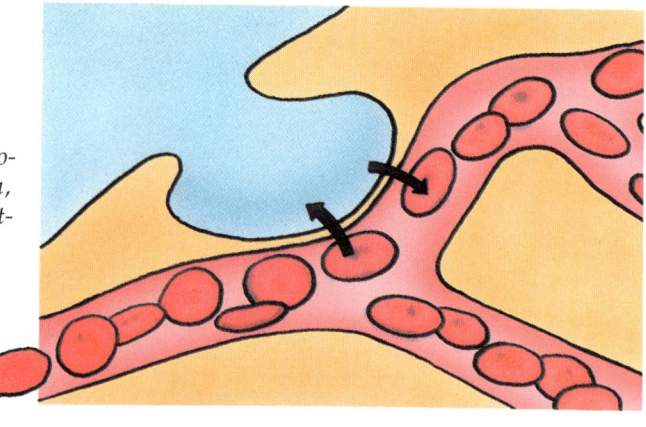

Austausch von Kohlendioxid und Sauerstoff in der Lunge: Von den Lungenbläschen (hellblau) auf die roten Blutkörperchen, die Hämoglobin enthalten.

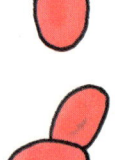

Wo speichert der Pottwal den Sauerstoff?

Anders als ein Mensch speichert der Pottwal den Sauerstoff der Atemluft nur zu einem geringen Teil in den Lungen. Fast aller Sauerstoff wird vom Blut und von den Muskeln aufgenommen: vom roten Blutfarbstoff *Hämoglobin*, der den Sauerstoff beim Atmen aus den feinen Lungenbläs-

Wie sparen Wale beim Tauchen Sauerstoff?

Wenn Wale tauchen, verändert sich ihr Blutkreislauf. Bestimmte Organe und Muskeln, die bereits genügend Sauerstoff gespeichert haben, werden durch ein System von Schließmuskeln in den Adern vom Kreislauf abgekoppelt. Sie bekommen während der Tauchzeit kein oder nur wenig frisches Blut zugeführt. Das sauerstoffreiche Blut bleibt für die lebenswichtigen Organe reserviert: für Gehirn, Herz und Rückenmark.

Das Herz eines tauchenden Wals schlägt sehr langsam. Die Blutversorgung des Gehirns wird vom *Wundernetz* übernommen. Dieser Schwamm aus Blutgefäßen sorgt auch dafür, daß sich der Blutdruck ständig neu dem Wasserdruck außen anpaßt.

Wozu dient das „Wundernetz"? Wale haben ein eigenartiges Organ, das nur bei wenigen anderen Tierarten vorkommt und das den Forschern noch immer Rätsel aufgibt: das Wundernetz. Auf den ersten Blick sieht diese *Reta mirabilis*, das „wundersame Netz", wie es die ersten Walforscher auf lateinisch genannt hatten, wie ein dicker, mit Blut vollgesogener Schwamm aus. Es besteht aus einem unentwirrbaren Labyrinth von feinen und feinsten Adern und liegt an den Wänden der Brusthöhle, im Halsbereich, zwischen manchen Rippen, entlang der Wirbelsäule und im Bereich des Gehirns.

Die Fachleute glauben, daß das Wundernetz eine ganze Reihe von Aufgaben

Woher wissen Wale, wann sie wieder auftauchen müssen? Wir Menschen spüren Atemnot, wenn der Anteil von *Kohlendioxid* in unserem Blut steigt. Kohlendioxid ist ein Gas, das bei der Arbeit unserer Zellen erzeugt und vom Blut als Abfall zurück in die Lungen befördert wird. Dort atmen wir Kohlendioxid aus. Steigt der Kohlendioxidanteil, so bedeutet das, daß wir bald wieder frischen Sauerstoff brauchen – bald, aber nicht sofort. Atemnot sorgt dafür, daß wir Menschen den Atem normalerweise nicht viel län-

Das Wundernetz liegt an den Wänden der Brusthöhle und unter dem Rückgrat.

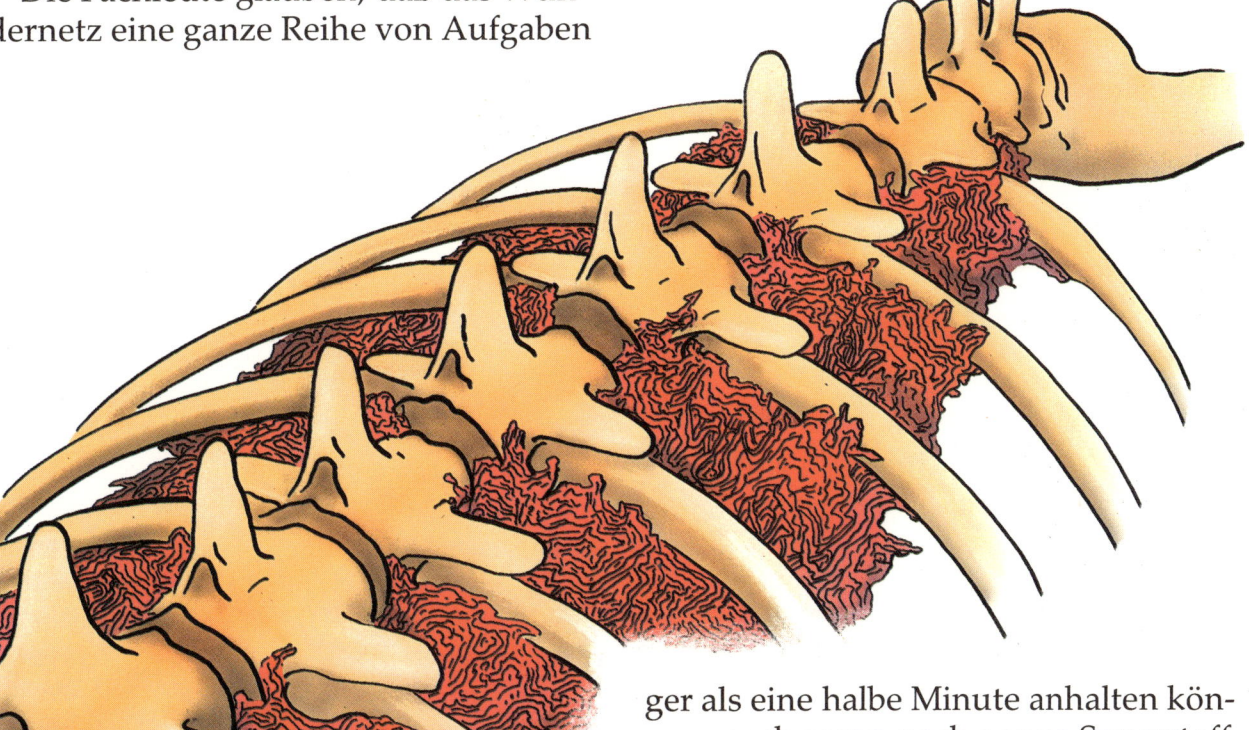

erfüllt: Es speichert Sauerstoff (und scheint dabei als letzte Reserve zu dienen), es puffert Druckschwankungen ab, und es füllt Hohlräume im Walkörper aus, die beim hohen Wasserdruck in größeren Tiefen ansonsten zusammengequetscht würden.

ger als eine halbe Minute anhalten können, auch wenn noch genug Sauerstoff im Blut ist und wir also durchaus noch Reserven hätten.

Bei Walen ist das anders. Sie empfinden erst Atemnot, wenn der Sauerstoffanteil im Blut wirklich auf eine kritische Marke sinkt. Wale können also tatsächlich die letzten Sauerstoffreserven nützen, bevor sie zum Auftauchen gezwungen werden.

Wie hält der Pottwal dem Tiefseedruck stand?

Schon in einer geringen Tiefe von 100 Metern ist der Wasserdruck so stark, daß Luft auf ein Zehntel ihres Volumens zusammengedrückt wird. Gase setzen dem Wasserdruck also nur einen geringen Widerstand entgegen. Luftgefülltes, elastisches Lungengewebe würde wie ein Hohlkörper wirken, der spielend zusammengedrückt wird. Wasser hingegen oder feste Körperteile (die ja auch zum Großteil aus Wasser bestehen) lassen sich kaum zusammenquetschen.

Tieftauchende Wale wie der Pottwal oder wie die *Entenwale* müssen daher große Teile ihrer Lungen versteifen und verstärken. Wenn sie tauchen, strömt die Luft in diese härteren Teile des Atemtrakts und wird dort festgehalten. In den weicheren Teilen der Lunge befindet sich dann fast keine Luft mehr. Dieses Lungengewebe fällt zusammen wie ein schlapper Ballon, dem man die Luft ausgelassen hat. Der entstehende Hohlraum wird vom Blut des Wundernetzes ausgefüllt. Und Blut läßt sich als Flüssigkeit eben nicht zusammenpressen.

Ein menschlicher Brustkorb würde dem Wasserdruck größerer Tiefen unmöglich standhalten.

Vor dem Abtauchen atmet der Pottwal aus.

Warum bekommen Wale keine Taucherkrankheit?

Wenn Menschen in größere Tiefen tauchen und dabei atmen, müssen sie Druckluft verwenden. Der Druck in den Lungen muß nämlich ähnlich hoch sein wie der Wasserdruck von außen. Gäbe es nicht diesen Gegendruck von innen, würde der Wasserdruck den Brustkorb zerquetschen. Schon in einer Tiefe von 30 Metern lastet auf einem Taucher ein Druck von 30 Kilogramm pro Quadratzentimeter Körperoberfläche. Der Taucher spürt davon nicht viel, da sich Außendruck und Innendruck die Waage halten.

Auch das Hinabtauchen geht problemlos. Unter Druck löst sich das in der Luft enthaltene *Stickstoffgas* völlig harmlos in den Körperflüssigkeiten und Körpergeweben auf. Probleme gibt es allerdings beim Auftauchen, wenn der Druck nachläßt. Dann verwandelt sich der Stickstoff wieder in Gas und beginnt, im Blut Bläschen zu bilden. Etwas Ähnliches passiert, wenn man eine Mineralwasserflasche öffnet, die unter Druck steht. Wenn der Druck weg ist, entstehen Luftperlen.

Stickstoffbläschen im Blut sind äußerst gefährlich. Sie verursachen Schmerzen, können Nerven lähmen und Adern verstopfen. Man nennt diese Erscheinung *Taucherkrankheit* oder *Caissonkrankheit*. Menschliche Taucher können ihr nur entgehen, wenn sie langsam aufsteigen.

Wale atmen dieselbe stickstoffreiche Luft wie Menschen. Dennoch sind sie gegen die Taucherkrankheit gefeit. Sie haben nämlich den Sauerstoff schon vorher chemisch im Blut und in den Muskeln gespeichert, und sie atmen vor der Tauchfahrt aus. Die restliche Luft wird rechtzeitig in den versteiften Teil des Atemsystems gepumpt. Dort ist kein Überdruck, und der Stickstoff bleibt gasförmig.

32

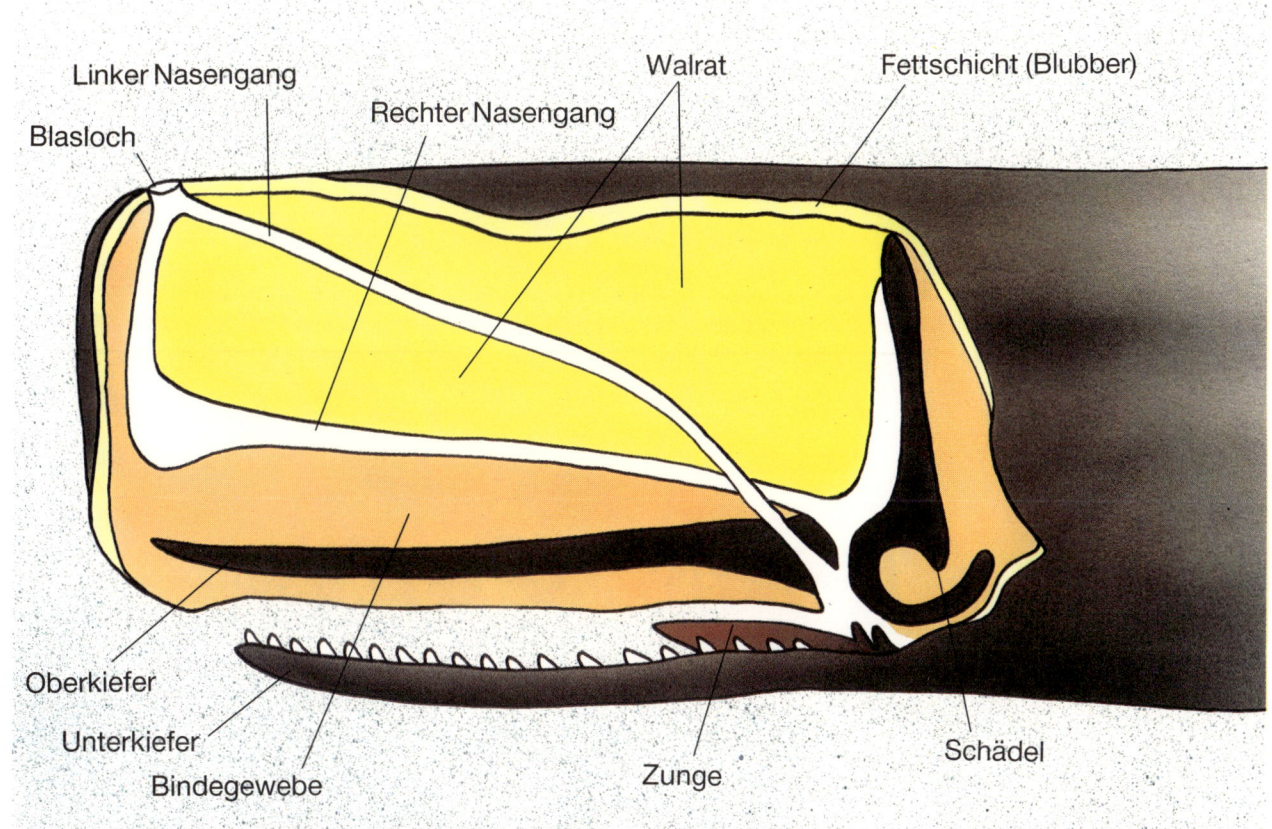

Linker Nasengang

Rechter Nasengang

Walrat

Fettschicht (Blubber)

Blasloch

Oberkiefer

Unterkiefer

Bindegewebe

Zunge

Schädel

Durch das Walrat erhält der Kopf des Pottwals seine eigenartige Form. Hier ein Blick ins Innere.

Wie hilft das Walrat beim Tauchen?

Walrat nennt man ein ganz spezielles Fett, das bei Walen in einer sogenannten *Fettlinse* in der Stirnhöhle eingelagert ist. Man nimmt an, daß diese Fettlinse (das *Spermacetiorgan* oder *Melone*) eine Rolle bei der Echolotorientierung der Wale spielt. Zumindest beim Pottwal, dessen Schädel durch die großen Walratkissen seine sonderbare Form erhält, hat Walrat aber eine weitere Aufgabe.

Walrat hat die Eigenschaft, daß es sich bei Erwärmung ausdehnt und bei Kühlung zusammenzieht, und zwar stärker als andere Substanzen. Bei Abkühlung verkleinert sich also sein Volumen, es wird fest und schwer. Der Pottwal nutzt diese Eigenschaft. Wenn er zum Tauchen ansetzt, läßt er kaltes Wasser durch den rechten Nasengang an den Fettkissen vorbeiströmen. (Mit dem linken Nasen-

loch holen Pottwale Luft.) Das Walrat zieht sich zusammen. Der ganze Wal wird schwerer und beginnt zu sinken.

Will er später wieder auftauchen, stellt er die Kühlung ab und die Heizung an. Warmes Blut umströmt die Fettpolster, heizt sie auf, schmilzt sie und dehnt sie damit aus. Der Pottwal beginnt wie ein Ballon zu steigen.

Ausgewachsene männliche Pottwale tauchen in Tiefen, die von Jünglingen und Weibchen nie erreicht werden. Wahrscheinlich liegt der Grund darin, daß Männchen wesentlich größere Mengen von Walrat mit sich führen. Deshalb können sie sich besser schwer machen und schneller sinken lassen.

Alle Pottwale sind in der Lage, bewegungslos unter Wasser zu schweben. Sie können also durch Erwärmen und Abkühlen von Walrat ihr Gewicht exakt dem Wassergewicht angleichen.

33

Ein Pottwal taucht ab in die unergründliche Tiefe des Meeres.

Wie kommt der Blas des Wals zustande?

Die Nase mit dem *Blasloch* liegt bei Walen am Hinterkopf. So können sie bequem aus- und einatmen, ohne sich im Wasser aufstellen zu müssen. Natürlich ist das Blasloch beim Tauchen dicht verschlossen. Es öffnet sich nur zum Atemholen. Wenn der Wal von einer Tauchfahrt kommt, läßt er die verbrauchte Luft in einem gewaltigen Stoß ausfauchen. Diese Luft ist sehr feucht. Sie enthält also sehr viel Wasserdampf.

Wenn die Luft sich plötzlich entspannt (das heißt, wenn sie im Freien Druck verliert und sich ungehindert ausdehnen kann), kühlt der Wasserdampf ab. Die zuvor noch gasförmigen Dampfteilchen verwandeln sich in winzige Wassertröpfchen, die dann einen Nebelstrahl bilden. Diese hochgeblasene Nebelfontäne nennt man den *Blas* des Wals. Wenn nun ein Wal auftaucht, dann können die Fachleute an diesem Blas, den der Wal hochbläst, erkennen, zu welcher Walart er gehört.

Ein Blauwal stößt seinen mächtigen Blas aus.

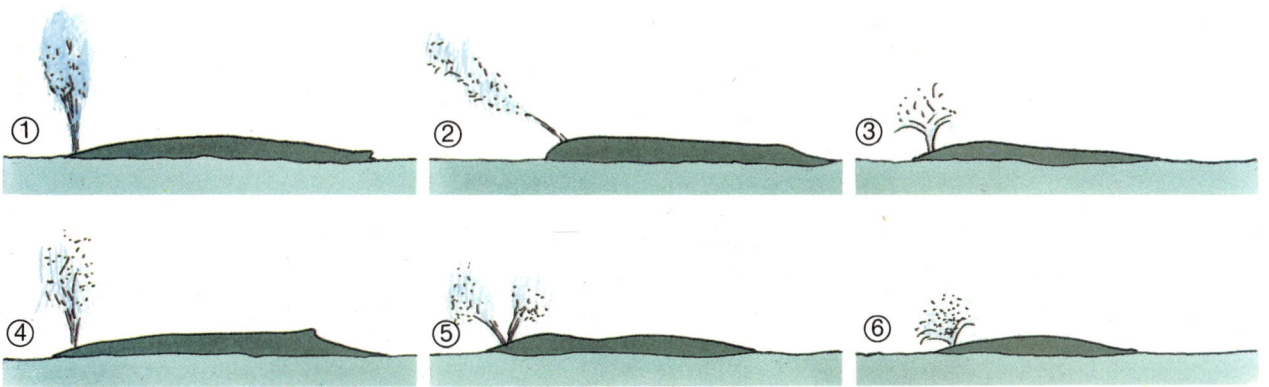

An ihrem Blas
erkennt man die
einzelnen Walarten:
① Blauwal
② Finnwal
③ Pottwal
④ Grönlandwal
⑤ Buckelwal
⑥ Grauwal

Weshalb haben Wale so komplizierte Nasen?

Die Nasen normaler Säugetiere sind dafür eingerichtet, gasförmige Stoffe in der Luft zu analysieren – Nasen sind zum Riechen da. Anders ist es natürlich bei Walen. Sie haben ihre Riechschleimhäute im Laufe der Entwicklung verloren. Anstelle der einfach aufgebauten Nasen von Landsäugetieren haben Wale ein kompliziertes System aus Blasloch oder Blaslöchern, aus Ventilen, Kammern, Gängen und Ausstülpungen entwickelt.

Dieser „Nasenapparat" ist noch dazu bei verschiedenen Walarten völlig unterschiedlich aufgebaut. Gemeinsam ist allen Walen, daß ihre Nasen nicht nur zur Atmung dienen. Dazu würde ein einfaches Loch mit Verschlußklappe reichen. Wahrscheinlich können Wale mit ihren Nasen Laute erzeugen, sich miteinander verständigen. Sie können singen, und sie können sich mit einer Art von *Radar* im Wasser orientieren.

Wieso haben Delphine zwei Sprachen?

Zahnwale haben keine Stimmbänder. Dennoch erzeugen sie Laute verschiedenster Art, mit denen sie sich verständigen und orientieren. Delphine oder auch andere Zahnwale haben zwei verschiedene Sprachen.

Die *Klicksprache* besteht aus Serien von Klicklauten. Mit ihnen finden sie sich in der Dunkelheit zurecht und orten vermutlich auch Gegenstände im Wasser. Ihre *Pfeifsprache* ist komplizierter aufgebaut. Sie bildet ganze Folgen von Pfiffen verschiedener Tonhöhen, also eine Art von Melodie. Menschen ist es bisher noch nicht gelungen, diese Sprache zu enträtseln. Aber aus dem Verhalten der Tiere läßt sich schließen, daß es sich nicht nur um Warnrufe und Hinweise handelt. Delphine scheinen sich richtiggehend miteinander unterhalten zu können.

Haben Delphine einen Echolotsender?

Was wir Menschen klicken hören, ist nur ein kleiner Teil der Delphinsprache. Die *Echolotsignale* gehen weit hinauf in den für uns unhörbaren *Ultraschallbereich*. Die höchsten Töne, die wir Menschen hören können, liegen bei 18 000 Schwingungen in der Sekunde (18 Kilohertz). Delphine stoßen jedoch Geräusche mit 280 Kilohertz aus.

Wahrscheinlich werden diese Schwingungen in den Luftsäcken der Nase, vielleicht auch durch eine Art Ventil im Kehlkopf erzeugt. Gesendet werden sie jedoch mit Hilfe eines linsenförmigen Fettkissens im Kopf. Es bündelt die Schallwellen auf ähnliche Weise, wie eine Lupe Lichtstrahlen bündelt.

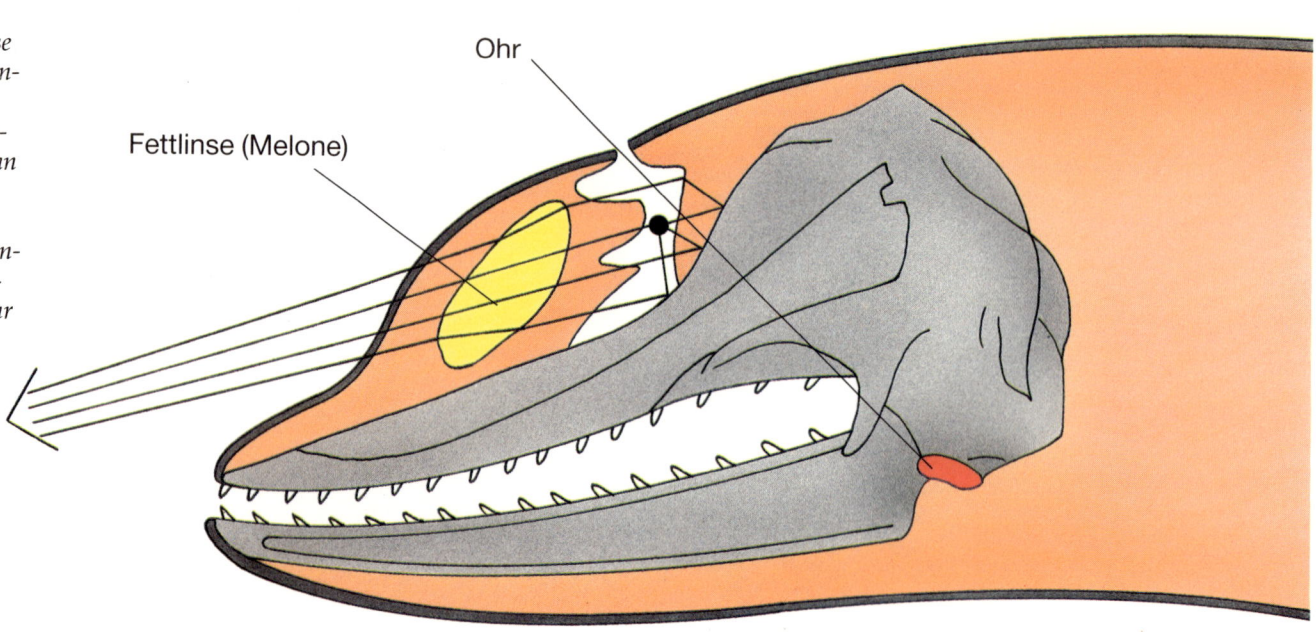

Fettlinse (Melone)

Ohr

Hinter der Fettlinse sind die Schädelknochen so angeordnet, daß die Schallwellen nicht nach hinten, in den Walkörper, abstrahlen. So wie ein Reflektor im Autoscheinwerfer die Lichtstrahlen nach vorne wirft, so richten die Schädelknochen die vom Delphin ausgesandten Schallwellen nach vorne.

Können Delphine mit den Ohren „sehen"?

Bei Versuchen haben Delphine bewiesen, daß sie mit ihren Ohren manche Dinge im Wasser besser erkennen können als Menschen mit ihren Augen in der Luft. Forscher haben Delphinen zwei fast gleich große Kugeln vorgelegt, von denen sie immer die größere auswählen sollten. Die Kugeln waren einander so ähnlich, daß menschliche Testpersonen durch bloßes Anschauen keinen Unterschied erkannt haben. Die Delphine hingegen wählten immer die richtige Kugel aus. Ihr Echolotsystem arbeitet so verläßlich, daß sie unter Wasser sogar feinste Drähte erkennen, die für unsere Augen unsichtbar bleiben. Leider können sie jedoch Netze aus Kunststoff so nicht „sehen".

Aber alles, was sie in ihrer natürlichen Umgebung sehen sollten, nehmen sie perfekt mit den Ohren wahr. Ihr Echolot tastet den Meeresgrund ab, spürt Fische und Schwärme auf Hunderte Meter Entfernung auf und läßt sie Artgenossen genau erkennen – so wie wir verschiedene Menschen mühelos voneinander unterscheiden können, obwohl alle zwei Ohren, zwei Augen und eine Nase haben.

Wie funktioniert das Echolot der Wale?

Das Echolotsystem der Wale besteht aus zwei Teilen. Mit dem Sendeteil stoßen sie Schallwellen in eine bestimmte Richtung aus. Diese Schallwellen pflanzen sich im Wasser fort, treffen auf Hindernisse und werden von ihnen zurückgeworfen.

Mit dem Empfangsteil – den Ohren – nehmen Wale die reflektierten Schallwellen wahr. Aus der Stärke, Richtung und Art der Reflexion berechnen sie, was in welcher Entfernung und in welcher Richtung liegt. Diese Berechnung erfolgt automatisch. Wale erzeugen aus dem Gehörten eine Art inneres Bild, das ihnen die Umgebung zeigt.

Haben Wale einen „Röntgenblick"?

Wir Menschen sehen meist nur die Oberflächen von Gegenständen. Nur in durchsichtige Dinge, zum Beispiel Gläser, können wir tiefer hineingucken. Lichtstrahlen werden normalerweise von den Oberflächen zurückgeworfen. Darum können wir durch einen Vorhang nicht durchgucken – aber durchhören.

Schallwellen nämlich werden nur zum Teil von der Oberfläche zurückgeworfen – das ist das Echo. Ein Teil dringt durch die Oberfläche hindurch in feste Körper ein, wird verschluckt oder erst von tieferen Schichten zurückgeworfen.

Mit reflektierten Schallwellen können wir Menschen nichts anfangen, außer in den Bergen oder wenn wir in eine tiefe Höhle rufen. Das Echo sagt uns höchstens, daß wir einer Bergwand gegenüberstehen. Oder daß die Höhle, in die wir hineingerufen haben, wirklich sehr tief sein muß, weil das Echo so lange nachhallt.

Wale hingegen „sehen" mit Schall auf eine unvorstellbar deutliche Art und Weise, und sie sehen dabei nicht nur Oberflächen. Ein Teil des Schalls dringt in den Gegenstand (zum Beispiel in den Körper eines Artgenossen) ein und wird erst von tieferen Bereichen des Körpers zurückgeworfen. Knochen, Blutgefäße oder Organe werfen ein anderes Echo zurück als etwa die Haut. Wale nehmen auch diese Unterschiede wahr. Wale haben also eine Art Röntgenblick. Sie sehen auch das Innere ihrer Artgenossen. Vielleicht erkennen sie daran so deutlich, wenn ein anderes Tier krank ist und Hilfe braucht.

Mit ihrem Echolot orten Delphine Fischschwärme.

Wieso können Wale unter Wasser so gut hören?

Um solche Leistungen zu erreichen, müssen Walohren natürlich besonders ausgestattet sein. Fledermäuse, die sich ebenfalls mit *Ultraschall* orientieren, haben riesige Ohren entwickelt, mit denen sie die zurückkehrenden Peillaute wahrnehmen. Wale hingegen kämen wegen des Wasserwiderstandes mit großen Ohren kaum vom Fleck. Aber auch aus einem anderen Grund mußten sie eine andere Form des Empfangssystems entwickeln.

Im Wasser ist nämlich Richtungshören für Lebewesen mit normalen Ohren, zum Beispiel für uns Menschen, fast unmöglich. Wir hören, im Wasser liegend, zwar das Platschen von Rudern, können aber nicht sagen, aus welcher Richtung das Geräusch kommt. Der Grund: Im Wasser kann der Schall ziemlich ungehindert in den Kopf eindringen und den ganzen Schädel wie den Resonanzkasten einer Gitarre in Schwingung versetzen. Richtungshören „in Stereo" ist nicht mehr möglich. Wir hören mit beiden Ohren alles gleichzeitig und können nicht mehr unterscheiden, auf welches Ohr der Schall zuerst trifft. In der Luft hingegen hören wir mit jedem Ohr getrennt und erkennen blitzschnell die Richtung, aus der das Geräusch kommt.

Aus diesem Grund sind die Gehörorgane von Walen von den Schädelknochen durch eine Art von Schwingungsdämpfer getrennt. Die elastische Masse trennt die Ohren vom mitschwingenden Resonanzkasten. Jedes Ohr kann Geräusche getrennt aufnehmen. Jetzt kann der Wal hören, ob ein Geräusch zuerst beim linken oder beim rechten Ohr ankommt, und daraus die Richtung bestimmen, aus der es stammt. Das funktioniert so automatisch wie unser Hören an der Luft.

Können Delphine ihre Beute durch Schall lähmen?

Delphine erbeuten auch Fische, die ihnen an Schnelligkeit und Gewandtheit überlegen sind und ihren Jägern eigentlich leicht entkommen könnten. Trotzdem verhalten sich beispielsweise *Lachse* oder *Meeräschen* oft wie gelähmt, wenn sie von Delphinen angegriffen werden.

Der Grund dafür könnte in Schallstößen liegen, die Delphine aussenden. Sie verwirren damit den Gleichgewichtssinn der Fische oder töten ihre Opfer vielleicht sogar. Jedenfalls hat man bei Großen Tümmlern und bei Schwertwalen auf Jagd solche Schallstöße gemessen.

Delphinforscher haben in Versuchen bewiesen, daß konzentrierter Schall, wie ihn Delphine ausstoßen, tatsächlich Fische lähmen oder umbringen kann. Die so phantastisch klingende Theorie scheint also zu stimmen: Mit den von ihnen ausgestoßenen Lauten können sich Delphine nicht nur miteinander unterhalten und im Wasser orientieren. Sie setzen ihre „Klicks" auch für die Jagd ein.

Wo versagt die Schallortung der Wale?

Zahlreiche Wale und Delphine sterben tagtäglich in den Fischernetzen aus Kunststoff, mit denen Fischer in allen Weltmeeren ihrem Gewerbe nachgehen. Doch das Echolotsystem der Wale versagt nicht nur bei Kunststoffnetzen. Auch in seichten, trüben Gewässern können sie ihre Orientierung verlieren. Wenn sie Pech haben, schwimmen sie in die falsche Richtung und stranden am Ufer.

Besonders oft trifft dieses Schicksal Wale, die in großen Gruppen zusammenleben, wie etwa Grindwale. Wenn nämlich nur eines der Tiere in flaches Wasser kommt und ängstlich um Hilfe ruft, gerät die ganze Gruppe in eine Art Massenpanik und schwimmt in das Verderben. In solchen Situationen benehmen sich Wale ähnlich wie Menschenmassen, die in Panik geraten. Auch Menschen können in gefährlichen Situationen – zum Beispiel bei Feueralarm – den Kopf verlieren und sich blindlings anderen Menschen anschließen, die in eine bestimmte Richtung stürmen. In Gefahr neigen wir dazu, in der Gruppe zu bleiben. Walen geht es nicht anders.

Zwei Massenstrandungen von Walen gab es im Jahr 1970. Vor der neuseeländischen Küste strandeten 59 gigantische Pottwale und starben innerhalb kurzer Zeit. Im selben Jahr kamen in Florida auf dieselbe Weise 159 *Kleine Schwertwale* um.

Gestrandete Wale haben kaum eine Überlebenschance. An flachen Sandstränden liegend, hilflos wie halb aus dem Wasser gezogene Boote, wissen sie nicht mehr aus noch ein. Ihr eigenes Gewicht, jetzt nicht mehr vom Wasser getragen, drückt ihnen die Lungen zusammen. Sie können keine Luft holen und ersticken in kurzer Zeit.

Pottwale sind vor der amerikanischen Pazifikküste gestrandet. Ihnen kann nicht mehr geholfen werden.

Ein grandioses Naturschauspiel: Mit unwiderstehlicher Kraft schnellt der Schwertwal aus dem Wasser.

Können Wale singen?

Walgesänge nennt man die auch für uns Menschen hörbaren Laute, mit denen sich Wale unterhalten. Walmusik klingt allerdings etwas anders als ein menschliches Lied: wie Grunzen und Schnarchen, Stöhnen und Rasseln, Zirpen und Schnalzen.

Über Wasser kann man diese Unterwassermusik nicht hören. Doch die Seeleute von früher vernahmen diese Klänge sehr wohl. Der hölzerne Rumpf ihrer Schiffe nahm die Schallschwingungen im Wasser nämlich gut auf. Er wirkte ungefähr so wie der Resonanzkörper einer Gitarre. Freilich wußten die Matrosen nicht, daß es Wale waren, die diese geheimnisvollen Klänge von sich gaben. Es kamen allerlei Sagen auf von märchenhaften Meereswesen, von *Meerjungfrauen* und *Sirenen*.

Uns Menschen gefallen die Gesänge der Buckelwale am besten. Diese Lieder kommen unseren Vorstellungen von Musik und Liedern am nächsten. Buckelwalgesänge sind harmonisch aufgebaut und haben richtige Melodien. Sie können eine halbe Stunde lang dauern. Buckelwale singen auch nicht einfach drauflos. Nach Unterbrechungen singen sie an der Stelle weiter, wo sie aufgehört haben. Und jeder Wal hat seine eigenen, selbstkomponierten Lieder, die er im Laufe seines Lebens immer wieder leicht verändert. Zu manchen Zeiten übernehmen jedoch alle Wale einer Gruppe eine bestimmte Melodie.

Im Wasser breitet sich Schall besser und schneller aus als in der Luft. Deshalb können Wale die Lieder ihrer Artgenossen oft über viele Kilometer Entfernung hören. Zumindest war das früher so. Heute leiden die hörempfindlichen Wale unter dem Lärm der Motorschiffe, die ständig die Meere durchpflügen.

Können Wale unter Wasser gut sehen?

Das Auge der Wale ist für das Leben im Wasser geschaffen. Wasser hat andere optische Eigenschaften als Luft. Wir können das leicht sehen, wenn wir einen Stock ins Wasser stecken: Unter Wasser scheint er abzuknicken. Wasser bricht Lichtstrahlen anders als Luft. Und wenn wir Menschen beim Tauchen unter Wasser Entfernungen schätzen wollen, dann vertun wir uns mit Sicherheit. Wale scheinen

Amazonasdelphin im trüben Wasser

das genau entgegengesetzte Problem zu haben: Sie sind an der Luft kurzsichtig, weil sie optische Eindrücke an der Luft ebenso falsch berechnen wie wir Menschen jene unter Wasser. Außerdem sind Wale farbenblind.

Obwohl sie also gar nicht darauf eingerichtet sind, gucken vor allem die Zahnwale der Küstengewässer (wie etwa Delphine) immer wieder gerne aus dem Wasser. Schwertwale machen sogar „Männchen", um einen besseren Überblick zu haben. Und erstaunlicherweise können Delphine in Gefangenschaft unter den Zuschauern bestimmte Personen erkennen. Freilich können sie immer nur kurz Ausschau halten. Nach wenigen Minuten an der Luft entzünden sich ihre ans Wasser gewöhnten Augen und schwellen an. Bleiben sie längere Zeit außerhalb des Wassers, erblinden sie.

Im Süßwasser großer Flüsse in Amerika und Asien leben Delphine, die sich an das Leben im trüben, schlammigen Wasser von *Amazonas*, *Indus* und *Hwangho* perfekt angepaßt haben. Diese Flußdelphine sind blind wie Maulwürfe. Ihre Augen sind verkümmert, aber das stört nicht weiter: In den trüben Fluten ist ohnehin nicht viel zu sehen. Statt dessen haben sie ihr Echolotsystem weiterentwickelt, um sich in den (besonders bei Hochwasser) weitverzweigten Nebenflüssen und Tümpeln der großen Ströme zurechtzufinden. Ihre Kurzsichtigkeit gleichen sie durch Tasthaare an der Schnauze aus. Mit diesem „Schnurrbart" tasten sie sich über den schlammigen Grund und finden ihre Beute in der dicksten Brühe. Die Flußdelphine sind durch Fischernetze und durch die Verschmutzung der Flüsse besonders stark bedroht.

Haben Wale einen Geschmackssinn?

In den Mägen toter Wale findet man oft Steine, Holzstücke und andere unverdauliche Gegenstände. Daraus hat man früher geschlossen, daß Wale keinen Geschmackssinn haben. Diese Auffassung ist falsch. Walforscher haben herausgefunden, daß zumindest Delphine, Schweinswale und *Weißwale* am Zungenrand geschmacksempfindliche Grübchen und Hügel haben. Wahrscheinlich können sie damit Geschmacksstoffe wahrnehmen und zum Beispiel den Salzgehalt des Wassers feststellen. Vielleicht schmecken sie auch die Spuren von Urin, die ihre Artgenossen im Wasser hinterlassen, und können damit ihren Fährten folgen.

Die Steine im Walmagen dienen jedenfalls einem anderen Zweck. Sie werden verschluckt, damit sie die Nahrung im Magen zerquetschen und zerkleinern helfen.

Wie leben die Babys der Wale?

Walbabys können nicht richtig saugen; ihr Maul ist dafür nicht gebaut. Die Walmutter muß dem Baby die fette, klebrige Milch deshalb direkt in das geöffnete Maul spritzen. Sie legt sich dazu etwas auf die Seite, und das Junge schwimmt an die in einer Hautfalte verborgenen Zitzen heran und drückt mit der Zunge dagegen. Die Jungen von großen Walen werden ein oder zwei Jahre, Delphinbabys vier Monate lang von der Mutter mit Milch versorgt.

Neugeborene Walkälber müssen sofort eine Menge lernen. Anders als die Jungen von Landtieren, die an der Luft geboren werden, müssen sie rasch etwas unternehmen, um atmen zu können. Gleich nach ihrer Geburt werden die Jungen an die Oberfläche geschubst, wo sie ihren ersten zaghaften Blas tun. Von nun an können sie das allein. Von ihrer Mutter lernen sie in den nächsten Wochen, wie man mit der Fluke – der Schwanzflosse – umgehen muß, um wieder zurückzutauchen, wie man sich dreht, auf den Rücken legt und wie man springt. In dieser Zeit schwimmt die ganze Schule langsamer. Später, vor den großen Wanderungen, lernen die Jungen, wie man kraftsparend im Reisetempo schwimmt.

Waljungen wachsen dank der fetten und nährstoffreichen Milch ungeheuer schnell. Blauwalbabys können täglich bis zu 100 Kilogramm zulegen. Sie brauchen die schützende Fettschicht auch ganz schnell. Denn schon im ersten Lebensjahr müssen sie mit auf die Reise in die kalten arktischen Gewässer.

Ein Irawadi-Delphin kommt zur Welt.

44

Eine Buckelwal-
mutter mit ihrem
Baby

45

Zwischen Eismeer und Äquator: Lebensräume und Wanderungen der Wale

Wodurch unterscheiden sich Bartenwale von Zahnwalen?

Es ist schon merkwürdig: Das größte Tier der Erde, der Blauwal, ernährt sich von kleinsten Organismen, von *Plankton* und von kleinen *Krillkrebsen*. Blauwale und andere Bartenwale müssen natürlich ungeheure Mengen dieser Kleinstlebewesen zu sich nehmen, um ihren Hunger zu stillen. Und sie machen das, indem sie Meerwasser in ihrem Maul durchfiltern, das Wasser dann wieder ausstoßen und schließlich den „Satz" – also die im Wasser treibenden winzigen Lebewesen – herunterschlucken.

Bartenwale haben im Maul keine Zähne, sondern einen gewaltigen Filterapparat, der aus Hunderten biegsamer Hornstäbe besteht. Die Stäbe stecken im Oberkiefer und fransen so weit aus, daß der ganze Gaumen ein feines Filtersieb bildet. Nachdem sie einen kräftigen Schluck planktonreiches Wasser genommen haben, strömt das Wasser wieder aus. Doch Plankton und Krills sitzen in der Falle und werden vom Wal verschluckt. Größeren Lebewesen können Bartenwale nichts antun, weil sie keine Zähne haben. Sie haben wegen ihrer Größe auch keine natürlichen Feinde und sind außerordentlich friedliche Lebewesen.

Ein Schwertwal (Orca) auf der Jagd nach Seelöwen

Zahnwale hingegen haben ein regelrechtes Gebiß; sie fressen damit größere Beutetiere wie Fische und *Tintenfische*. Zahnwale (und damit auch Delphine) sind also Raubtiere oder, wie der Fachausdruck lautet, *Beutegreifer*. Der Schwertwal fängt auch Pinguine, Robben und kleinere Wale.

Wie gefährlich sind Schwertwale? Früher nannte man die Schwertwale (*Orcas*) auch *Killerwale* oder *Mörderwale*. Mörderwal ist die falsche Übersetzung der englischen Bezeichnung „whale killer" also „Walmörder". In der Tat sind diese Delphine fürchterliche Feinde für kleine Wale und natürlich auch für Robben, Fische und Pinguine. Gruppen von Orcas wurden jedoch auch schon dabei beobachtet, wie sie große Wale gemeinschaftlich abschlachteten und ihnen bei lebendigem Leib Fleischstücke, Lippen oder Zunge aus dem Leib rissen.

Orcas jagen allein oder in Rudeln und stellen sich dabei überaus geschickt an. Sie verwirren ihre Opfer mit Kampfrufen, halten Fischschwärme zusammen und treiben sich ihre Opfer gegenseitig zu. Besonders trickreich ist die Art, wie sie Pinguine jagen, die sich auf Eisschollen geflüchtet haben. Während ein Orca die Scholle auf der einen Seite anhebt, wartet ein zweiter auf der anderen Seite, um den hilflos abrutschenden Vogel in Empfang zu nehmen.

Was ist Krill und Plankton?

Winzige Tiere, die mit den Meeresströmungen in oberen oder mittleren Schichten durch die Meere treiben, bilden das Plankton. Zum Plankton gehört auch der *Krill*. Das sind Kleinkrebse, die in ungeheuren Massen vor allem in den antarktischen Meeren vorkommen. Jeder einzelne Krebs wird kaum einen Zentimeter groß. Doch zusammen treiben sie als riesige, aus Hunderten von Millionen Tieren bestehende Wolken im Wasser dahin. Krill (norwegisch: „kleiner Fisch") bildet die Lebensgrundlage nicht nur für die Bartenwale, sondern auch für einige Robbenarten, für Tintenfische, Seevögel und Pinguine.

Die Menge an Krill, die zur Zeit in den antarktischen Gewässern treibt, wird auf 600 Millionen Tonnen geschätzt. Auf jeden Bürger Deutschlands würden damit ungefähr acht Tonnen entfallen. Diese ungeheuren Massen verleiten manche Fischereination dazu, antarktischen Krill abzufischen, um ihn zu Viehfutter zu verarbeiten. Die Bartenwale freilich müßten dann verhungern.

Um die notwendigen Mengen Nahrung zu bekommen, müssen Bartenwale gewaltige Wassermassen durchfiltern. Sie brauchen daher riesige Köpfe mit manchmal scheunentorgroßen Mäulern. Bei Glattwalen zum Beispiel macht der Kopf ein Drittel der gesamten Körperlänge aus – beim Menschen nur ein Siebtel. Beim *Grönlandwal* besteht der fünf Meter lange Schädel hauptsächlich aus den gewaltigen Kieferknochen. Der Unterkiefer wirkt wie eine gigantische Schöpfkelle – und genauso funktioniert er auch. Jede seiner etwa 350 Barten wird viereinhalb Meter lang.

Glattwal in einer Planktonwolke. Die Zeichnung zeigt einen Krillkrebs.

Warum schwimmt der Grönlandwal so langsam?

Auf englisch heißt der Grönlandwal „Right Whale", also „rechter" oder „richtiger Wal". So nannten ihn die Walfänger, weil er im Schrittempo von etwa fünf Kilometern pro Stunde mit aufgesperrtem Maul die Meere durchpflügt. Mit seiner mächtigen Zunge saugt er dabei, wie eine Pumpe, planktonreiches Wasser in den Gaumen und drückt das gefilterte Wasser durch das Bartensieb wieder aus. Diese Geschwindigkeit war den Jägern gerade recht; sie konnten den Grönlandwal sogar mit Ruderbooten verfolgen und harpunieren. Diese gemächliche Schwimmart hat sich herausgebildet, weil er bei diesem Tempo Plankton am besten abschöpfen kann. Und natürliche Feinde, vor denen er fliehen müßte, hat der „Right Whale" nicht. Auf das Erscheinen von Menschen mit mörderischen Waffen kann die Natur nicht schnell genug antworten.

Wenn der Buckelwal Mahlzeit hält, fällt auch für Seevögel mancher Happen ab.

Wie funktioniert der Planktonfilter der Furchenwale?

Furchenwale gehören, wie die Glattwale, zu den Bartenwalen. Sie haben allerdings ein anderes System entwickelt, um genügend Nahrung aus der „Planktonsuppe" zu schöpfen. Sie haben einen kleineren Kopf (etwa ein Viertel der Körperlänge), und auch ihre Barten sind nicht so lang. Dafür können sie aber ihre Kehle aufspreizen. Die Furchen, die sich vom Unterkiefer über die Kehle bis zum Bauch hinziehen, sind nämlich Hautfalten. Wie bei einer geschlossenen Ziehharmonika oder bei einem verpackten Lampion sind auch die Furchen eines Wals bei geschlossenem Maul zusammengefaltet. Reißt aber etwa ein Finnwal seinen Rachen auf, um eine tüchtige Portion Planktonwasser aufzunehmen, dann entfalten sich die etwa 60 Furchen, und es entsteht ein gewaltiger Fangkorb.

Buckelwale haben viel weniger Furchen als die echten Furchenwale. Bei Grauwalen sind die Furchen überhaupt nur als Andeutungen zu sehen. Beide Arten stehen in der Mitte zwischen einem typischen Furchenwal (wie dem Finnwal) und den Glattwalen. Buckelwale und Grauwale erreichen auch längst nicht die Geschwindigkeiten des schlanken, eleganten Finnwals.

Der Finnwal muß zum Fressen Wasserdruck erzeugen, der ihm das Maul gehörig aufdrückt. Er schwimmt daher schnell auf die Planktonwolke zu und schnappt zu. Die elastische Kehle dehnt sich durch den Wasserwiderstand aus und nimmt die tonnenschwere Portion auf. Dann

49

ziehen sich die Furchen wieder zusammen und drücken das gefilterte Wasser durch die Barten aus dem Maul. Die Krebse und anderen Kleintiere bleiben hängen. Der Wal schiebt sie mit seiner Zunge in die Speiseröhre und verschluckt sie. Finnwale erreichen die für Wassertiere ihrer Größe unglaubliche Schwimmgeschwindigkeit von über 40 Kilometern pro Stunde.

Der Buckelwal erzeugt ein kunstvolles „Netz" aus Luftblasen.

Ein Pottwal kämpft gegen eine Krake.

Wie treibt der Buckelwal seine Beute zusammen?

Buckelwale wenden einen ganz besonders komplizierten Trick an, um ihre Nahrung – Plankton, kleine Fische und Krebse – zusammenzutreiben und mit einem Schluck abschöpfen zu können. Sie drehen sich unter Wasser mit Hilfe ihrer langen Flipper spiralförmig nach oben und stoßen dabei Luft aus, die in Blasen hochsteigt. Diese Blasen bilden einige Augenblicke lang einen runden Käfig mit einem Durchmesser von drei Metern im Wasser. Währenddessen schraubt sich der Buckelwal weiter hoch und reißt dabei sein Maul sperrangelweit auf. Die im Luftblasennetz gefangene Nahrung strömt mit dem Wasser in den aufgeblähten Fangsack. Jetzt muß der Wal nur noch das Wasser durch die Barten wieder ins Freie drücken; das lebendige, zappelnde Futter bleibt innen hängen und wird verschluckt.

Wie findet der Pottwal seine Beute?

In einigen hundert Metern Tiefe herrschen ewige Finsternis und Temperaturen knapp über dem Nullpunkt. Noch niemand hat jemals beobachten können, wie ein Pottwal in der Tiefsee tatsächlich seine Beute fängt. Aber man vermutet, daß er schnurstracks in die Tiefe taucht und dort auf *Kraken* lauert. Wahrscheinlich legt er in der Tiefe keine weiten Strecken zurück, denn zumeist taucht er unweit der Stelle wieder auf, an der er verschwunden ist.

Walforscher nehmen an, daß Pottwale schon vor dem Tauchen orten, indem sie Laute ausstoßen und die reflektierten Schallwellen, das Echo also, aufnehmen und analysieren. Denn es ist schwer vorstellbar, daß der Wal die anstrengende Tauchfahrt ohne einen Hinweis auf mögliche Beute unternimmt. Immerhin taucht der Pottwal mit vier Stundenkilometer Geschwindigkeit eine Viertelstunde lang in die Tiefe des Meeres hinunter, um dort geduldig auf sein Opfer zu warten.

Wo fressen Pottwale ihre Opfer?

Pottwale fangen Tintenfische in der Tiefsee, fressen sie jedoch in der Nähe der Wasseroberfläche. Nach dem Fang schleppen sie die um ihr Leben kämpfenden Opfer so schnell wie möglich nach oben. Kraken sind nämlich nicht darauf eingerichtet, mit schnellen Veränderungen im Wasserdruck fertig zu werden. Wahrscheinlich erleiden sie beim Auftauchen eine Art Höhenkoller und werden ohnmächtig. Jetzt kann sie der Wal in Ruhe fressen.

Seine Opfer findet der Wal dort unten ohne Probleme, weil Tiefseebewohner zumeist Leuchtorgane tragen. Einige Experten glauben, daß auch die Lippen des Pottwals im Finstern leuchten und Beutetiere anlocken.

Aus Kampfspuren am Körper des Wals kann man schließen, daß sich in der ewigen Finsternis der Tiefsee dramatische Kämpfe abspielen müssen. Kraken wie der *Riesenkalmar* können einige Tonnen schwer werden. Sie haben starke, glitschige Fangarme, die manchmal über zehn Meter lang werden und in gefährlichen Saugnäpfen enden. Damit klammern sie sich an ihren Feinden fest. Alte Pottwalbullen haben von diesen erbitterten Kämpfen oft viele Narben. Die Abdrücke der Saugnäpfe können tellergroß werden. Sicherlich bleiben Pottwale dennoch fast immer Sieger. Sonst hätten sie sich nicht auf diese Art Nahrungsbeschaffung spezialisiert.

Es ist bisher kein einziger Fall bekannt, daß ein Pottwal einen Menschen verschlungen hat – obwohl sein Schlund groß genug ist, um einen Erwachsenen bequem zu verschlucken. Nicht einmal an seinen Todfeinden, den Waljägern, vergreift sich dieser Gigant.

Welche Wale suchen ihr Futter auf dem Meeresgrund?

Gründelwale suchen sich ihre Nahrung auf dem Grund küstennaher Gewässer in der Arktis. Dabei fressen sie Würmer, Plattfische, Krustentiere und alle Arten von Weichtieren. Gründelwale sind Zahnwale. Zu ihnen gehören die Narwale und die Weißwale oder *Belugas*. Narwale und Belugas sind durch Walfänger vom Aussterben bedroht: Narwale wegen ihres begehrten „Einhorns" und Belugas, weil sie sich gerne den Küsten und den Menschen nähern.

Auch Grauwale suchen den Meeresgrund ab. Diese Bartenwale schürfen mit ihren Kiefern die schlammige oder sandige oberste Bodenschicht ab und schieben sie in ihr Maul. Wasser und Sand fließt durch die Barten wieder ab. Muscheln, Würmer, Krebse und andere Bewohner des Meeresbodens bleiben im Sieb hängen und wandern in den Schlund.

Grauwale durchwühlen den Meeresboden auf der Suche nach Nahrung.

Woher wissen wir, wie alt Wale werden?

Es gibt eine ziemlich einfache Möglichkeit, das Alter von toten Zahnwalen festzustellen: Man braucht nur einen Zahn durchzuschneiden und zu untersuchen. Jedes Jahr bildet ein Walzahn eine neue Schicht, ähnlich dem Jahresring eines Baums. Die ältesten Wale, die man auf diese Weise untersuchen konnte, waren Pottwalgreise mit über 70 Jahren. An die Zähne von lebenden Walen kommt man natürlich nicht heran. Man schätzt jedoch, daß Pottwale an die 100 Jahre und Delphine ungefähr 35 Jahre alt werden können.

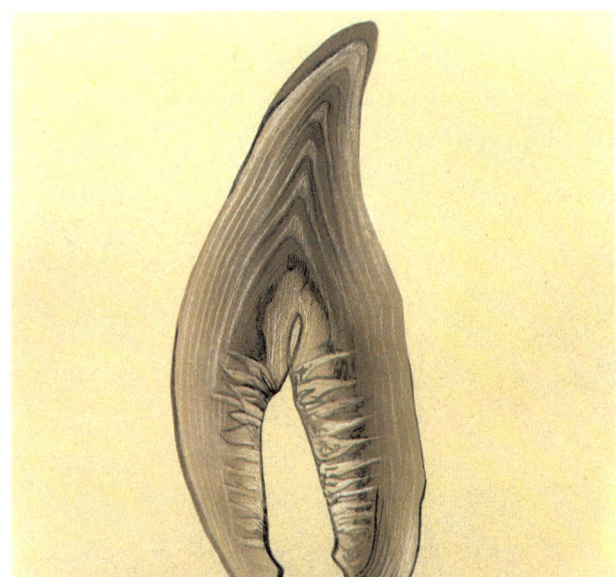

Schnitt durch den Zahn eines Grindwals

Gibt es bei uns noch Wale?

Früher waren die Schweinswale auf der ganzen Nordhalbkugel unserer Erde verbreitet. Diese delphinähnlichen, fast zwei Meter großen Wale werden auch *Kleine Tümmler* genannt; der Große Tümmler ist der richtige Delphin, wie er auch in der Fernsehserie „Flipper" auftritt. Trotz der Verschmutzung dieser Gewässer gibt es in der Nordsee, mitunter auch in der Ostsee, heute noch Schweinswale. Doch ihre Tage sind gezählt. Denn eine Menge Giftmüll landet in diesen beiden Meeren.

Vor 200 Jahren sah es in unseren Gewässern noch anders aus. Da schwammen Pottwale und Schwertwale manchmal sogar die Elbe hoch!

Warum leben so viele Wale im kalten Eismeer?

Kaltes Wasser enthält mehr Sauerstoff als warmes Wasser. Wir können das gut beobachten, wenn wir Wasser im Topf erhitzen: Je heißer es wird, desto mehr Bläschen steigen auf. Das ist Sauerstoff, der zuvor im kalten Wasser gebunden war.

Viel Sauerstoff bedeutet reiches Meeresleben: viele Nährstoffe, viel Plankton, viele Fische. In polaren Gewässern (vor allem rund um die Antarktis) wimmelt es im Sommerhalbjahr von Lebewesen. Dann scheint die Sonne rund um die Uhr und läßt *Mikroalgen*, die zum Wachstum viel Licht brauchen, förmlich wuchern. Kleine Krebstiere (Krill) fressen die Algen und gedeihen zu gigantischen Schwärmen von Milliarden Tieren.

Weshalb wandern Wale so weit?

Wale finden in den kalten Gewässern also einen reich gedeckten Tisch vor. Und gegen die eisige Kälte schützt sie ihr „Speckmantel". Die Jungen vieler Walarten müssen sich freilich diese Isolierschicht erst einmal anfuttern. Sie würden erfrieren, kämen sie bei null Grad Wassertemperatur auf die Welt. Die meisten Wale bringen ihre Jungen daher in warmen Ozeanen zur Welt und ziehen mit den Halbwüchsigen zur Sommerzeit in die polaren Meere.

Besonders weite Reisen unternehmen die Grauwale. Sie paaren sich im Winter im warmen Wasser vor der kalifornischen Küste und ziehen im Frühling in den hohen Norden. Den Sommer verbringen sie im Beringmeer zwischen Alaska und Sibirien. Dort verdoppeln sie ihr Gewicht. Mit einer dicken Fettschicht kehren sie im Herbst nach Kalifornien zurück und bekommen Junge. Bei der Wanderung im Frühling zieht der Nachwuchs schon mit. Dieser Wanderzug kann 10 000 Kilometer weit führen.

Lebt auf Walen: die Wallaus

Ein auftauchender Grauwal schleppt Seetang mit hoch. Ältere Grauwale sind meist mit anderen Lebewesen – Pflanzen und Kleintieren – „besiedelt".

Welche Tiere leben von den Walen?

Große Wale, vor allem die in Küstennähe lebenden Grauwale, tragen auf ihrer riesigen Hautoberfläche einen ganzen Zoo von Kleintieren herum. Auf ihnen siedeln sich Algen und Muscheln an, die sich ihre Nahrung aus dem Wasser filtern und deshalb nichts dagegen haben, in den Weltmeeren herumgetragen zu werden. Auch primitive Fische wie das *Neunauge* hängen sich an den Grauwal an, und zwischen all diesen Lebewesen krabbeln winzige *Flohkrebse* herum. Die Haut alter Grauwale erinnert oft an bemooste Felsblöcke. Und wenn so ein riesiger Wal auftaucht, lassen sich Seevögel gerne auf ihm nieder, um die Muscheln abzupikken.

Was sind Walschulen?

In der Fachsprache nennt man Herden oder Gruppen von Walen oder Delphinen *Schulen*. Das hat mit unseren Schulen nichts zu tun, obwohl natürlich auch hier die Jungtiere von den Erwachsenen lernen können.

Viele Arten ziehen in Gruppen durch die Meere. Zahnwale veranstalten regelrechte Treibjagden auf Fischschwärme. Dabei scheuchen sie die Fische durch Zähneklappern und Klatschen mit den Schwanzflossen in die richtige Richtung, wo die Artgenossen warten. Manchmal treiben sie sogar Fischern die Fische ins Netz.

Aber auch Bartenwale, die auf ihrer Jagd nach Plankton gut allein zurechtkommen würden, suchen die Nähe anderer Tiere. Und sogar von Einzelgängern, zum Beispiel von alten Pottwalbullen, weiß man, daß sie in ständiger Rufverbindung mit anderen Artgenossen stehen.

Auch Seepocken oder Entenmuscheln besiedeln den Grauwal.

*Eine Schule
Großer Tümmler*

Größer, länger, tiefer: die erstaunlichen Rekorde der Wale

Welches Säugetier hat den längsten Darm?

Fast einen halben Kilometer lang ist der Darm des Pottwals, über 20mal so lang wie der Wal selbst. Zum Vergleich: Der Darm eines erwachsenen Menschen ist etwa sieben Meter lang, also vielleicht viermal so lang wie der Mensch selbst. Der Pottwal braucht diese lange Verdauungsstrecke, um die Tintenfische verwerten zu können, die er in der Tiefsee jagt.

Was ist das größte Raubtier der Welt?

Manche Experten lehnen es ab, den Pottwal ein Raubtier zu nennen: Er frißt fast nur Tintenfische, und das ist für einen echten Räuber wohl zuwenig. Also gebührt der Titel des größten Raubtieres der Welt dem Schwertwal. Dieser Räuber gehört zu den Delphinen. Er jagt neben Fischen auch *Seehunde*, Pinguine und kleinere Wale.

Welche Säugetiere sind die besten Taucher?

Der Pottwal taucht über einen Kilometer tief und bleibt dabei länger als eine Stunde unter Wasser. Der *Nördliche Entenwal* taucht nicht so tief, dafür bleibt er aber bis zu zwei Stunden lang unter Wasser. Auch Entenwale jagen Tintenfische.

Was ist das „perfekte" Wassertier?

Was das Verhältnis von Körpergröße und Geschwindigkeit betrifft, so ist der Schwertwal der perfekte Schwimmer schlechthin. Es gibt kein größeres Wassertier, das schneller schwimmen kann. Schwertwale oder Orcas werden maximal zehn Meter lang und erreichen im Sprint Geschwindigkeiten von weit über 50 Stundenkilometern. Mit einem Energieaufwand von nur fünf Pferdestärken können sie eine Dauergeschwindigkeit von über 20 Stundenkilometern halten.

Der Nördliche Entenwal ist der ausdauerndste Taucher unter den Walen. Er kann zwei Stunden unter Wasser bleiben

Stunden

Schwertwale leben in allen Ozeanen, vom Äquator bis zu den polaren Gewässern. Die Bullen können zehn Meter lang und acht Tonnen schwer werden.

Ein Größenvergleich zeigt die enorme Masse eines Schwertwals. Die Kaiserpinguine im Vordergrund des Bildes sind etwa einen Meter groß.

Rekordhalter Blauwal

Der Blauwal ist das größte und schwerste Tier aller Zeiten. Hier einige seiner Spitzenleistungen:

Das größte Tier: Der Blauwal wird normalerweise um die 25 Meter lang; bei manchen Weibchen wurden schon 33 Meter Länge gemessen. Blauwale sind die größten und mit einem Gewicht zwischen 100 und 140 Tonnen zugleich die schwersten Tiere der Welt. Das Gewicht des schwersten jemals getöteten Blauwals betrug etwa 194 Tonnen. Der Kadaver konnte jedoch nicht gewogen werden. Das Gewicht wurde aus der Gesamtmenge der Tranfässer berechnet, die nach der Verarbeitung des riesigen Tierkörpers gefüllt werden konnten.

Der gewaltigste Fresser: Das größte Tier der Welt ist auch der gewaltigste Fresser. Zwischen einer halben und einer ganzen Tonne Plankton, Kleinfische und Krebse verzehrt er täglich, indem er sein Futter aus dem Wasser aussiebt.

Die schwersten inneren Organe: Das Herz des Blauwals wiegt 1000 Kilo, seine Leber 1600 Kilo und seine Lunge 3000 Kilo. Zum Vergleich die Werte für das größte Landsäugetier: Das Herz des Afrikanischen Elefanten wiegt 20 Kilo, seine Leber 40 Kilo und seine Lunge 30 Kilo.

Gewicht eines Blauwals = Gewicht von 25 Elefanten

Die schwersten Wirbelknochen: Ein einziger Rückenwirbel wiegt 700 Kilogramm – soviel wie ein Kleinwagen.

Die größte Zunge: Rund fünf Tonnen wiegt die Zunge des Blauwals – soviel wie 70 erwachsene Menschen.

Die fetteste Milch: Die Milch des Blauwals besteht zur Hälfte aus Fett. Zum Vergleich: Von allen Landsäugetieren hat das Rentier mit einem Fettgehalt von fast einem Viertel (22,5 Prozent) die fetteste Milch. Schafsmilch hat einen Fettanteil von 6,5 Prozent, Ziegen- und Kuhmilch von etwa vier Prozent. Menschliche Muttermilch hat dagegen nur 3,5 Prozent Fettgehalt.

Die größte Gewichtszunahme: Kein Wunder also, daß Blauwalbabys schneller wachsen als die Jungen irgendeiner anderen Tierart. Im ersten halben Jahr ihres Lebens wachsen die Waljungen jeden Tag um drei Zentimeter. (Würden Menschenkinder so schnell wachsen, dann wären sie im Alter von einem halben Jahr über fünf Meter groß!) Das Gewicht von Blauwalbabys nimmt in dieser Zeit täglich um 100 Kilo zu. Es beträgt nach sechs Monaten schon das Zwölffache seines Geburtsgewichts.

Das mächtigste Baby: Ein Blauwaljunges wiegt bei seiner Geburt schon zwei Tonnen – mehr als das Neugeborene irgendeiner anderen Tierart.

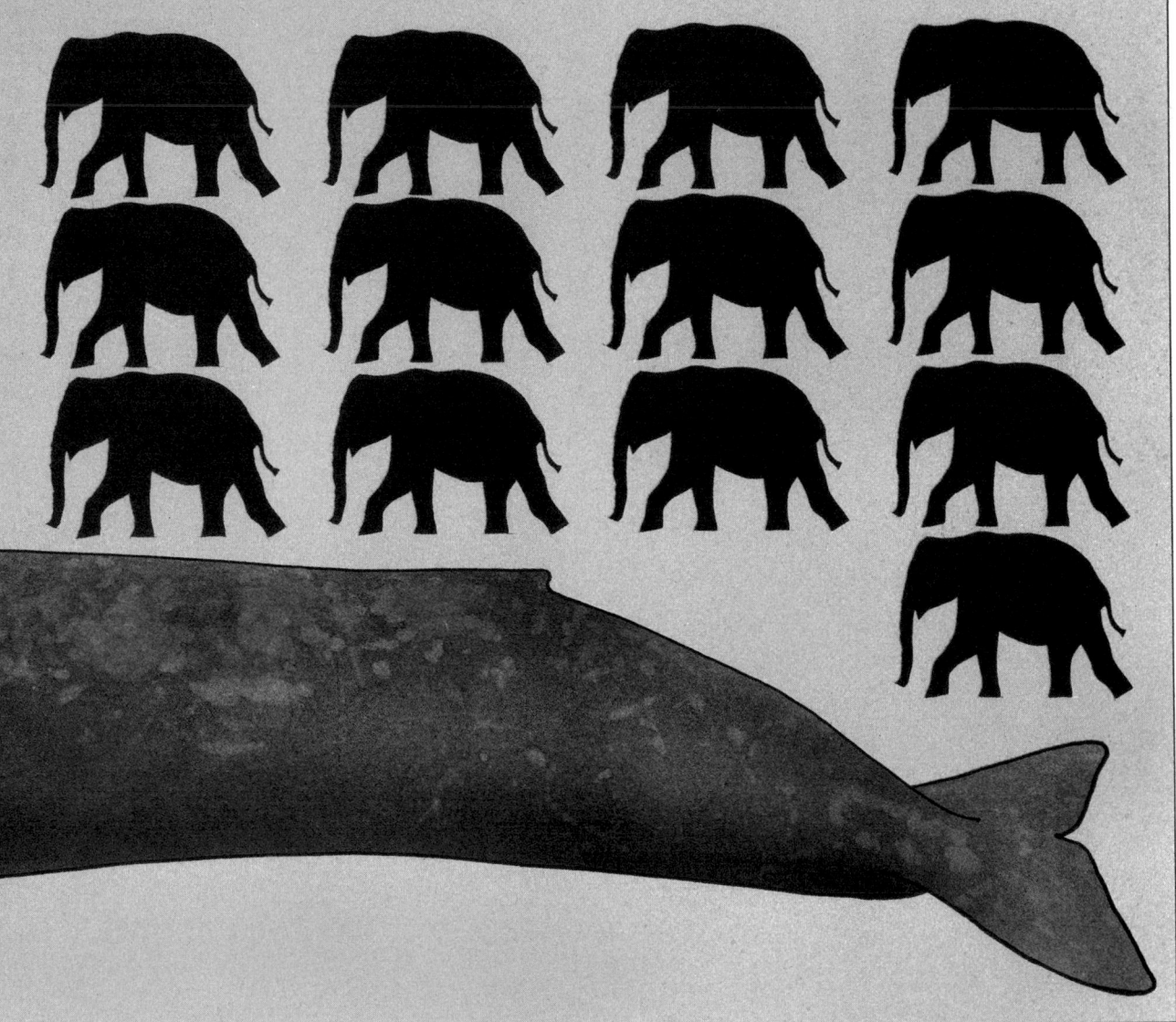

Eine ganze Schar von Geburtshelferinnen umsorgt bei den Großen Tümmlern die Mutter und das Neugeborene.

Wie hieß der am besten geschützte Delphin?

25 Jahre lang verrichtete ein Delphin freiwillige Lotsendienste im *Pelorussund* zwischen den neuseeländischen Städten Wellington und Welton. Sobald sich ein Schiff der Meerenge näherte, tauchte *Pelorus Jack* auf, schwamm vor dem Schiff her und geleitete es sicher durch die Untiefen. Pelorus Jack wurde durch ein eigenes, vom Parlament beschlossenes Gesetz unter besonderen Schutz gestellt. Niemand durfte den Delphin jagen – seine Artgenossen waren hingegen Freiwild. Als Pelorus Jack im Jahr 1970 nicht mehr auftauchte, herrschte im ganzen Land Trauer.

Welches Tier hat das größte Gehirn?

Das Gehirn eines Finnwals wiegt über acht Kilogramm – mehr als das Hirn irgendeines anderen Lebewesens. Im Verhältnis zum Körpergewicht ist das jedoch herzlich wenig: nur ein Sechzehntausendstel! Zum Vergleich: Das menschliche Gehirn wiegt etwa 1,3 Kilogramm, ein Fünfzigstel des Körpergewichts. Bei Mäusen wiegt das Gehirn ein Dreiunddreißigstel des Körpergewichts, bei Elefanten etwa ein Tausendstel.

Welche Tiere werden bei der Geburt am besten umsorgt?

Eine ganze Schar von Geburtshelferinnen umsorgt bei den Großen Tümmlern die Mutter und das Neugeborene. Beim Einsetzen der Wehen eilen andere weibliche Delphine zu Hilfe und stupsen sie weiter, damit sie nicht den Anschluß an die Gruppe verliert. Manche Weibchen pressen in die Seite der Gebärenden, um die Geburt zu erleichtern. Ein anderes Weibchen wartet an der Geburtsöffnung auf den Neuankömmling.

Walbabys kommen mit dem Schwanz voran zur Welt, damit sie bei einer schwierigen Geburt nicht ertrinken. Sofort nach der Geburt nimmt die Helferin das Baby in Empfang und schwimmt mit ihm an die Wasseroberfläche, wo das Junge seinen ersten Atemzug tut.

Wer hat das beste Unterwasserradar?

Delphine können Fische von der Größe eines Herings auf eine Entfernung von hundert Metern durch Echopeilung ausmachen. Sie senden Schallwellen aus und registrieren das Echo. Daran erkennen sie Form und Entfernung eines Hindernisses oder eines anderen Tieres.

Die Walfänger und ihre Opfer

Seit wann werden Wale gejagt?

Walfang ist eine junge Erfindung der Menschheit. Erst seit etwa tausend Jahren jagen Menschen die Wale. Die ersten Walfänger waren wahrscheinlich die *Wikinger*. Doch die berühmtesten mittelalterlichen Walfänger waren die *Basken* im *Golf von Biskaya*, einer großen Bucht westlich von Frankreich und nördlich von Spanien. Sie waren die ersten, die besondere Walharpunen schleuderten und ihr Gewerbe „hauptberuflich" betrieben: Sie harpunierten Glattwale und schleppten die toten Tiere ans Ufer, um sie zu zerlegen und auszuwerten. Das Wort *Harpune* stammt übrigens aus der baskischen Sprache.

Zuvor hatten sich die Menschen wohl nicht an die Giganten der Meere herangewagt. Nur gestrandete Wale wurden „ausgeschlachtet". Man tat sich an den Fleischbergen gütlich, nährte Lampen mit *Waltran* als Brennstoff und baute die Kieferknochen als Balken in die Häuser ein.

Im späten Mittelalter, vor 500 Jahren, war der Walfang schon eine echte Industrie. Ganze Flotten fuhren aus, um die großen Wale, vor allem Glattwale, Grönlandwale und *Nordkaper*, abzuschlachten. Die beliebteste Fangmethode bestand darin, die Tiere in unübersichtliche Gegenden zwischen Inseln und Sandbänke zu treiben und in Panik zu versetzen. Die hilflosen Riesen strandeten oder gaben auf, vor allem wenn es den Fängern gelungen war, ein Junges aufzuspießen. So konnte man einen Wal nach dem anderen abschlachten. Augenzeugen berichteten, daß ganze Meeresbuchten nach diesen Metzeleien in Blut schwammen. An den Küsten wurden Fabriken errichtet, in denen Walspeck zu *Tran* verkocht und in Fässer abgefüllt wurde.

So arbeiteten die Walfänger vor 200 Jahren.

Wie gefährlich war der Walfang früher?

Walfang war immer schon ein Beruf für wüste Burschen, die Gefahr nicht scheuten. Gesichtete Wale harpunierten die Walfänger von kleinen Booten aus. Die Harpune blieb im Leib des Wals stecken. Sie hing an einem Seil, das immer länger abgewickelt wurde, um dem Wal keinen Widerstand zu bieten. Im Versuch, sich freizuschwimmen, wurde das Tier immer müder. Die Walfänger näherten sich erst einem völlig erschöpften Wal. Nun stachen sie mit langen Lanzen so lange auf den Wal ein, bis sich sein Blas rot färbte.

Die letzte, blutsprühende Fontäne eines Wals nennen die Schlächter *Blume* oder *Rote Rose*. Augenblicke später wälzt er sich auf die Seite und ist tot. Früher packte ein Fänger nun die Flagge des Schiffes und rammte sie in das offene Auge des Tieres.

In seltenen Fällen zerschmetterte ein Wal im Todeskampf das Boot oder tötete seine Peiniger. Doch das war kaum jemals Absicht. Wale scheinen einfach nicht verstehen zu wollen, was ihnen da Schreckliches angetan wird. Sie haben keine natürlichen Feinde, und die Natur hat ihnen deshalb nicht beigebracht, sich erfolgreich zu wehren.

Womit jagen moderne Walfänger?

Schon lange vor der Erfindung der *Granatharpunen* vor 150 Jahren waren viele Walbestände vor den Küsten verschwunden. Die Jäger dehnten die Verfolgungsjagden aufs offene Meer aus und schleppten die toten Tiere an Land zurück. Als der Grönlandwal und der Nordkaper – langsame Wale, gerade richtig für die Fänger – fast verschwunden waren, kamen die Pottwale dran. Auch sie wurden immer seltener. Als um das Jahr 1850 Erdölprodukte wie Petroleum billiger wurden als Waltran, da schien sich der Walfang mit

Seit dem Jahr 1850 waren Harpunen im Einsatz, die von einer Art Gewehr abgeschossen wurden.

Moderne Granatharpunen sind kleine Kanonen. Die Geschosse dringen tief in den Walkörper ein. Dann zündet der Sprengsatz.

der *Handharpune* nicht mehr zu lohnen. Die Wale genossen jedoch nur eine kurze Schonfrist. Denn zur selben Zeit entwickelten die Norweger die Harpunenkanone.

Seit die Harpune von Bord des Walfängers von einer *Walkanone* abgeschossen werden kann, sind Wale nirgendwo mehr sicher. Diese Granatharpunen dringen tief in den Walkörper ein und zünden dort einen Sprengsatz. Die Explosionsgase blähen den Wal auf, und er kann nicht im Meer versinken.

Heute sind sogar Beobachtungshubschrauber und Radargeräte im Einsatz, um Wale aufzuspüren. Auf speziellen Fabrikschiffen, die man auch als schwimmende Walkochereien bezeichnet, werden die getöteten Wale direkt im Fanggebiet verarbeitet.

Welche Walarten sind schon ausgestorben?

Vor dem Zeitalter des Walfangs gab es, was die „wirtschaftlich interessanten" Arten betrifft, mehr als zehnmal so viele Wale wie heute. *Atlantischer Grauwal, Biskayawal* und *Koreanischer Grauwal* sind bereits vollständig ausgerottet. Der Pottwal steht knapp vor dem Aussterben, weil so viele Männchen umgebracht wurden. Es ist fraglich, ob er und andere gefährdete Arten durch ein totales Fangverbot noch zu retten wären. Aber große Fangnationen wie Japan, Kanada oder Rußland fahren ohnehin weiter auf Pottwaljagd aus. Sie verweigern ihre Unterschrift unter die Schutzabkommen, die das Töten bestimmter Walarten für einige Jahre verbieten.

Andere Länder schützen die bedrohten Arten zwar offiziell, finden aber immer noch genügend Schlupflöcher. Norwegen und Island zum Beispiel gehen auf angeblich „wissenschaftlichen" Walfang.

Auch Eingeborene, also traditionelle Walfänger, dürfen Wale jagen. Alaska, Rußland oder Grönland nutzen das aus. Die Eskimos jagen heute nicht mehr wie ihre Vorfahren mit der Handharpune, sondern mit Kanonen und Granaten.

Schlimmer noch: Einige gefährdete Arten (zum Beispiel Grindwale, Weißwale, Narwale und manche Delphine) sind überhaupt nicht geschützt. Sie dürfen unbeschränkt gejagt werden.

Weshalb wird der Walfang nicht verboten?

In allen Ländern der Erde gelten Tiere mehr oder weniger als „Sachen". Menschen dürfen sie einsperren und umbringen, um ihr Fleisch zu essen oder um Rohstoffe zu gewinnen. Viele Walfangnationen wie zum Beispiel Norwegen oder Japan fragen sich, wieso sie ihre Walindustrie stillegen sollten, wo doch auch Schlachthäuser für andere Tierarten munter weiterbetrieben werden.

Tatsächlich wurden die ersten Schutzmaßnahmen für Wale im Jahr 1946 ausgerechnet auf Wunsch der Walfänger erlassen. Die Walindustrie wollte die Ausrottung der Wale verhindern, weil damit auch das eigene Geschäft zu Ende wäre. Die *Internationale Walfangkommis*sion (IWC) setzt seitdem fest, wie viele Wale jährlich geschlachtet werden dürfen.

Seit auch Mitglieder aus anderen Ländern in dieser Kommission vertreten sind, spielt ein anderes Argument gegen den Walfang eine wichtige Rolle: Wir Menschen dürfen aus moralischen Gründen nicht zulassen, daß diese Tierarten auf Nimmerwiedersehen von der Erde verschwinden. Das *Washingtoner Artenschutzabkommen* (WA) aus dem Jahr 1975 ist von 90 Ländern (auch von Deutschland, Österreich und der Schweiz) unterschrieben worden. Es verbietet den Handel mit Walprodukten.

Warum ist die Thunfischerei für Delphine so gefährlich?

Manche Delphinarten, wie etwa die pazifischen *Fleckendelphine* oder die *Schlankdelphine*, halten sich gerne in der Nähe von Thunfischschwärmen auf. *Thunfisch* ist ein begehrter Speisefisch und wird oft mit ganzen Fangflotten gejagt. Die Delphine, die immer wieder an die Wasseroberfläche kommen müssen, sind natürlich leichter zu entdecken als die Thunfische in ihrer Nähe. Die Fischer halten daher Ausschau nach Delphinen, um Ansammlungen von Thunfischen auszumachen. Delphine locken auf diese Weise die Schiffe an, die vielen von ihnen den Tod bringen.

Die Fischer ziehen nämlich mit ihren Netzen einen viele hundert Meter großen Kreis um eine Delphingruppe, in der Erwartung, daß sie damit auch einen Thunfischschwarm einschließen. Dann ziehen sie die Netze langsam zusammen. Viele Delphine verfangen sich in den Thunfischnetzen unter Wasser und ertrinken jämmerlich. Ihr Tod wird von den Fischern bei dieser Fangweise in Kauf genommen.

Das Enblem der Internationalen Walfangkommission (IWC)

Kommerzieller Thunfischfang gefährdet viele Arten von Meerestieren.

Viele amerikanische Tierschutzorganisationen haben gegen diese Art von Thunfischerei protestiert. Sie forderten die Käufer auf, keinen Thunfisch mehr zu kaufen. Dieser Boykott hat Wirkung gezeigt. Thunfisch blieb in den Regalen der Geschäfte liegen. Und einige Fangflotten der Fischfanggesellschaften haben „delphinfreundliche" Fangmethoden eingeführt, so daß die Delphine den Netzen wieder entkommen können. Doch auch die Fische leiden stumme Qualen, denn sie werden in den Fangnetzen zerquetscht und ersticken.

66

Walfang war immer schon ein gutes Geschäft. In Fabriken auf Land (Bild) und in modernen großen Fabrikschiffen können die getöteten Wale schneller und einfacher verarbeitet werden als auf den alten Walfängern

67

Welche Organisationen kämpfen für die Wale?

Friends of the Earth (Freunde der Erde), *Greenpeace, World Wildlife Fund* (WWF), *BUND* (Bund für Umwelt- und Naturschutz in Deutschland) oder *Tierschutzbund*: All das sind bekannte Tierschutzvereinigungen, die sich auch um den Schutz der Wale bemühen. Greenpeace zum Beispiel führt immer wieder spektakuläre, oft auch gefährliche Protestaktionen durch. Mit ihren winzigen Schlauchbooten schieben sie sich zwischen Walfänger und Wale, um die Tiere vor ihren Schlächtern zu schützen. Sie retten damit nicht nur einzelne Tiere, sondern machen auch die Öffentlichkeit auf die Probleme aufmerksam. Politiker müssen Stellung beziehen, und es werden auf diese Weise neue Gesetze zum Schutz der Meerestiere durchgesetzt.

In einer besonders aufsehenerregenden Aktion haben Greenpeace-Aktivisten auf die mörderische Treibnetzfischerei aufmerksam gemacht. Nacht für Nacht werden allein im Nordpazifik 32 000 Kilometer dieser Netze in das Meer ausgesetzt, wo sie mit Strömungen treiben. In den Hochseenetzen verfangen sich nicht nur Fische: Auf zehn Fische kommt ein Meeressäugetier. Jährlich sterben Hunderttausende Kleinwale und Delphine auf diese Weise als „Beifang".

Was macht die GSM?

Ganz besonders wichtig für die Wale ist die *Gesellschaft zum Schutz der Meeressäugetiere* (GSM) mit Sitz in Hamburg. Die GSM wurde von der deutschen Walforscherin und Journalistin *Petra Deimer* im Jahr 1978 gegründet. Einer ihrer größten Erfolge: Das Meer um

68

die Insel Madeira im Atlantik ist seit kurzem „harpunenfreie Zone". Hier dürfen keine Meeressäugetiere mehr gejagt werden. Vielleicht gelingt es der GSM, einen riesigen *Nationalpark Meeressäugetiere* einzurichten, der dann auch die heutigen Walfanggebiete um die Kanarischen Inseln und um die Azoren einschließen würde.

Welche Umweltgifte bedrohen Wale und Delphine?

Auf die eine oder andere Weise landen große Teile des Giftmülls aus Landwirtschaft und Industrie in den Meeren: Die Gifte werden entweder direkt ins Meer geschüttet („verklappt"), oder sie gelangen mit den Strömen in die Ozeane. Die Meeressäuger sind die Endverbraucher. Schwermetalle oder die Reste vieler Pflanzen- und Insektengifte sind biologisch nicht abbaubar. Sie gelangen über Meerespflanzen und Beutetiere in die Wale und Delphine. Vergiftete Tiere sind gegen Krankheiten weniger widerstandskräftig und bekommen weniger Junge.

Eine andere tödliche Umweltgefahr lauert auf sie durch die Zerstörung der Ozonschicht in der Erdatmosphäre. Die Ozonschicht filtert einen guten Teil der ultravioletten Sonnenstrahlung aus. Wenn dieser Schutzschild dünner wird oder wegfällt, kann die Strahlung ungehindert auf die Ozeane einwirken. Plankton reagiert sehr empfindlich auf harte Strahlung und vermehrt sich nicht mehr stark genug. Wenn das Angebot an Plankton zurückgeht, schrumpft die Lebensgrundlage der meisten Meerestiere. Besonders die Bartenwale sind vom Hungertod betroffen.

Viele Tierschutzorganisationen kämpfen gegen den industriellen Walfang. Hier schiebt sich ein Greenpeace-Boot in die Schußlinie eines russischen Walfängers, um ihn zu behindern.

Der Wal als Rohstofflieferant

Große Wale lieferten früher Grundstoffe für eine ganze Reihe von Produkten: Kosmetika, Putzmittel, Schmieröl, Lebensmittel, Medikamente, Haushaltsgegenstände, Futtermittel und vieles mehr. Alles auf der folgenden Liste kann heute jedoch auch aus anderen Rohstoffen gewonnen werden. Es gibt also keinen wirklichen Grund, Wale dafür zu töten.

Schuhlöffel, Angelrutenspitzen, Zigarettenspitzen wurden aus Pottwalzähnen oder Barten des Bartenwals hergestellt. Früher erzeugte man daraus auch Fisch-

bein für Korsette, mit denen sich feine Damen den Leib zusammenschnürten.

Lebertran gewinnt man aus Walleber.

Das Walöl aus Knochen und Fleisch kann zu Öl, Fett, Backfett und Margarine verarbeitet werden und ist dann in Brot, Keksen und Kuchen zu finden.

Fleischextrakt, Suppenwürfel, Wurst, Dosenwurst und Gelatine werden aus Fleisch und Flossen der Wale gewonnen. Das Verdickungsmittel Gelatine ist übrigens auch in Gummibärchen enthalten.

Muskeln, Haut und Flossen von Walen

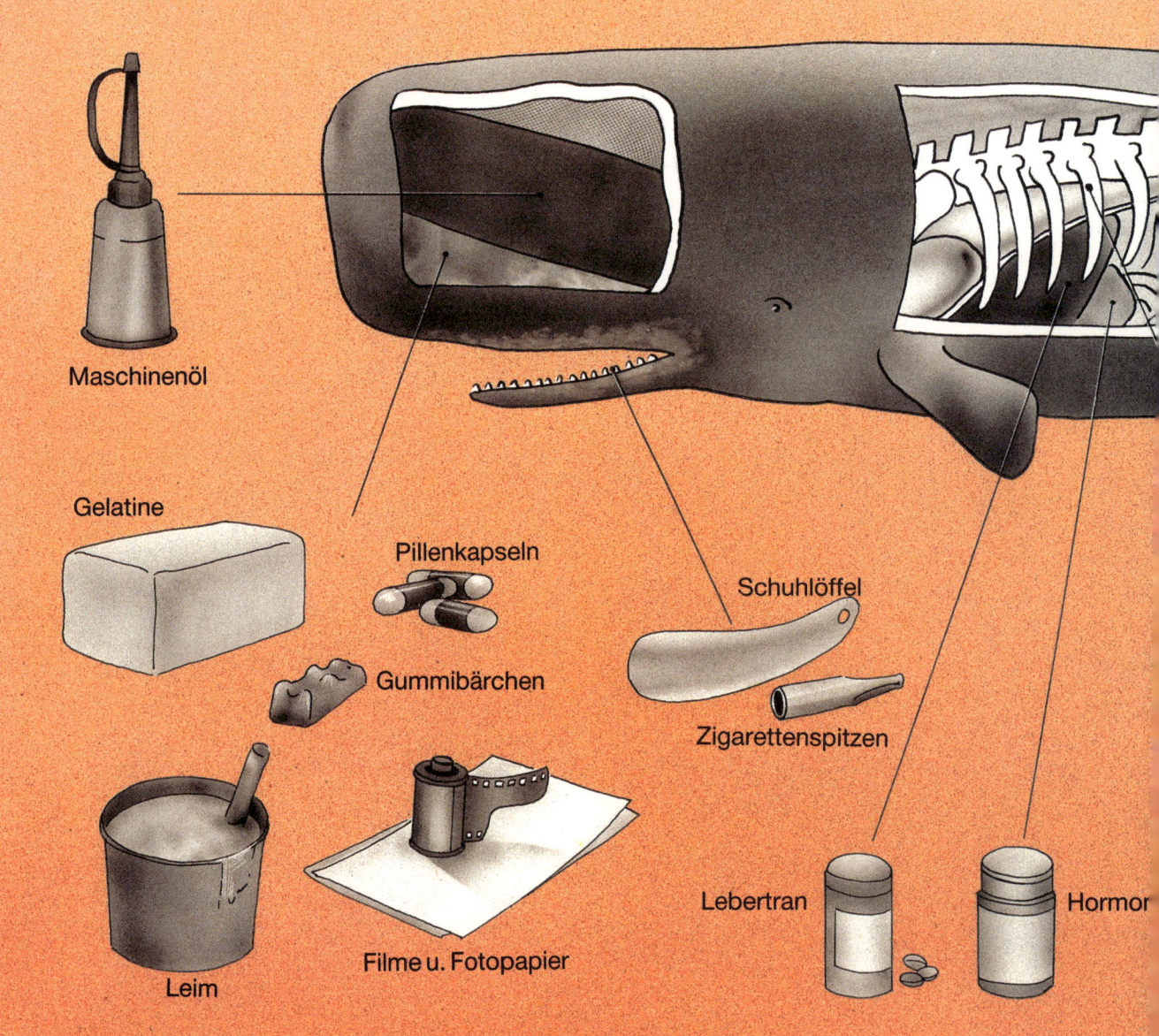

Maschinenöl

Gelatine

Pillenkapseln

Schuhlöffel

Gummibärchen

Zigarettenspitzen

Leim

Filme u. Fotopapier

Lebertran

Hormon

werden zu Fleisch, Speck und Schinken verarbeitet.

Hormonpillen werden aus Innereien gewonnen.

Walöl ist der Grundstoff für Seife, Salben, Kosmẽtika, Zeichenstifte, Lippenstifte und Schuhcreme.

Leim, Gelatine, Filme, Fotopapier und Pillenkapseln entstehen aus Bindegewebe im Pottwalschädel.

Walrat ist das Rohmaterial für Maschinenöl.

Haut, Fleisch, Knochen und Bindege-webe von Walen werden zu Hundefutter, Viehfutter, „Fischmehl" und Dünger verarbeitet.

Ein beliebtes Material bei der Parfümherstellung ist Ambra. Ambra ist ein zusammengebackener Klumpen aus den unverdaulichen Überresten von Tintenfischschnäbeln, der sich manchmal im Darm von Pottwalen findet. Ambra selbst ist geruchlos, hat jedoch die Eigenschaft, Düfte anzunehmen und festzuhalten. Es dient als Grundstoff in der Parfümindustrie.

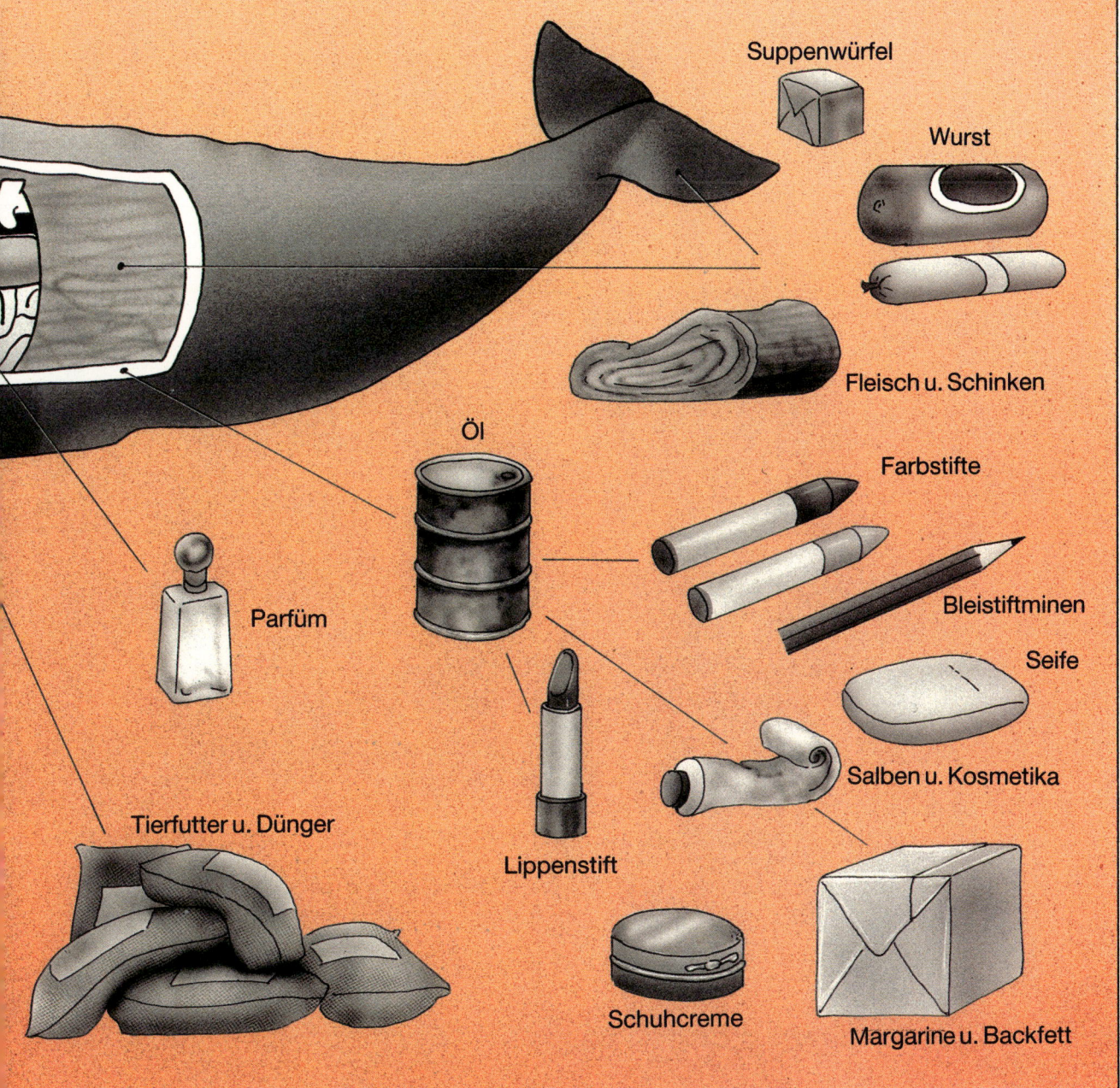

Suppenwürfel

Wurst

Fleisch u. Schinken

Öl

Farbstifte

Bleistiftminen

Seife

Parfüm

Salben u. Kosmetika

Tierfutter u. Dünger

Lippenstift

Schuhcreme

Margarine u. Backfett

Delphine – unsere klugen Verwandten

Können Delphine Menschenleben retten?

Es gibt sichere Hinweise darauf, daß Delphine immer wieder Schwimmer vor dem nassen Tod bewahren. Darauf weisen nicht nur die vielen, fast gleichlautenden Berichte aus allen Ländern und Zeiten hin. Es liegt auch im natürlichen Verhalten von Delphinen, kranke Artgenossen von unten anzustupsen und über Wasser zu halten. Vielleicht sind Delphine eher bereit, uns Menschen wie Artgenossen zu behandeln, als umgekehrt.

Gut bezeugt ist jedenfalls ein Bericht aus der Zeitschrift *Natural History* aus dem Jahr 1943: Eine Schwimmerin hatte vor der Küste Floridas das Bewußtsein verloren. Das letzte, was sie spürte, war ein kräftiger Stoß am Rücken. Sie wachte erst auf, als sie schon gerettet am Strand lag. Doch sie konnte ihrem Retter nicht danken; außer einem Delphin im Wasser war niemand zu sehen. Erst ein Augenzeuge, der den Vorfall aus der Ferne beobachtet hatte, klärte sie auf: Ein Delphin hatte sie über Wasser gehalten und an Land geschubst.

In der Bucht von Monkey Mia in Australien haben sich freilebende Delphine mit den Menschen angefreundet.

In der El-Merdja-Bucht in Mauretanien helfen Delphine den Fischern, Fischschwärme in die Netze zu treiben.

Warum sind Delphine so freundlich?

Delphine sind zweifellos sehr intelligent. Aber Klugheit führt noch lange nicht zu Hilfsbereitschaft und Freundlichkeit. Wir Menschen sind wahrscheinlich die allerklügsten Lebewesen auf Erden. Und trotzdem benehmen wir uns gegenüber anderen Lebewesen mörderisch grausam.

Intelligenz hat also mit Freundlichkeit nichts zu tun. Delphine retten Menschen nicht aus Klugheit, sondern, weil sie es gelernt haben, den eigenen Artgenossen in Not unter die Flossen zu greifen. Delphine stehen einander bei der Geburt eines Jungen bei, und sie nehmen beim Schwimmtempo Rücksicht auf langsamere Tiere. Kranke oder verunglückte Artgenossen werden an die Oberfläche gehoben, damit sie atmen können. Delphine scheinen zu wissen, daß manche Lebewesen, wie sie selbst, Luft zum Atmen brauchen.

Wie entkommen Delphine den Thunfischern?

Immer häufiger schaffen es Delphine, Thunfischern zu entkommen. Das ist eines der beeindruckendsten Beispiele dafür, wie Delphine aus Erfahrungen lernen und aus Beobachtungen Schlüsse ziehen.

Viele Delphine haben aus dem Tod ihrer Artgenossen gelernt. Sie machen Fischerboote aus Hunderten Meter Entfernung aus und benehmen sich plötzlich ganz unauffällig: Mit dem Luftloch knapp über der Wasseroberfläche atmen sie vorsichtig ein und aus, ohne zu blasen oder zu spritzen. So sind sie vom Ausguck eines Fischerbootes nur schwer zu erkennen.

Nimmt das Boot dennoch Kurs auf die Delphine, spurten sie los und schwimmen an die rechte Seite des Fischerbootes. Offenbar haben sie herausgefunden, daß die gefährlichen Netze immer auf der linken Seite liegen.

73

Sehen sie sich trotz all dieser Vorsichtsmaßnahmen in der Mitte eines Kreises aus Netzen gefangen, so behalten sie ruhig Blut. Sie tauchen nicht und versuchen auch nicht mehr wie ihre unglücklichen Artgenossen früher, die Netze zu rammen. Sie warten ab, bis das Boot ein wenig zurücksetzt. Wenn nun eine Lücke frei wird, schwimmen sie so schnell wie möglich durch die Öffnung – als hätten sie darauf gewartet. Wieder in Freiheit, zeigen sie ihre unbändige Freude über ihr glückliches Entkommen durch ganze Serien von Luftsprüngen.

Wie schlau sind Delphine wirklich?

Viele Forscher glauben, daß Delphine nicht weniger intelligent sind als Menschen. Doch wirklich messen können wir die Intelligenz von Delphinen nicht. Wir können nur Vermutungen anstellen.

Delphine verfügen über eine unglaublich reichhaltige Sprache, die bisher auch von den leistungsfähigsten Computern nicht entschlüsselt werden konnte. Wir wissen nicht einmal, aus wie vielen Wörtern ihre Sprache besteht. Aber wir können beobachten, wie Delphine, die in verschiedenen Becken untergebracht sind, einander komplizierte Mitteilungen übersenden und diese auch verstehen können. Sie finden sogar heraus, ob da ein echter Delphin mit ihnen spricht oder ob man ihnen bloß ein Tonband vor-

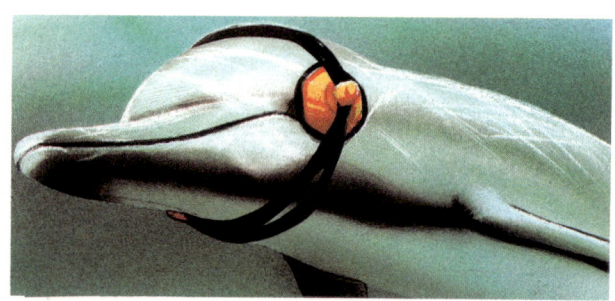

„Verbundene" Augen beim Psychotest

spielt. Auch viele andere Versuche lassen auf einen hohen Intelligenzgrad schließen.

Wissenschaftliche Beweise dafür, daß Delphine intelligenter sind als alle anderen Tiere, gibt es aber nicht. Der Mensch war noch nicht in der Lage, sich Tests auszudenken, die den Fähigkeiten von Delphinen angemessen sind.

Seit wann werden Delphine dressiert?

Das erste Waltier, das in einem Zoo Kunststücke zeigte, war ein zahmer Weißwal. Das war im Jahr 1874 in der amerikanischen Stadt Boston. Das Publikumsinteresse war riesengroß. Seither entstanden immer mehr *Delphinarien*, in denen Delphine dressiert werden.

Was für die Zuschauer lehrreich und unterhaltsam sein mag, ist für die Delphine ein Leben in qualvoll enger Gefangenschaft, fernab der natürlichen Umwelt. So gerne Delphine ab und zu freiwillig spielen würden – im Delphinarium sind sie unschuldig zu lebenslanger Haft verurteilt. Sie müssen sich ihren Lebensunterhalt dadurch verdienen, daß sie genau das tun, was der Trainer von ihnen will.

Viele Zuschauer denken nicht an die Folgen für die feinfühligen Tiere. Denn Delphine bewegen sich so leicht und spielerisch, als mache ihnen alles riesigen Spaß. Aber ihr scheinbar fröhlicher Gesichtsausdruck verändert sich auch in größter Angst nicht. Selbst tote Delphine scheinen zu lächeln.

Viele Delphine sterben in Gefangenschaft an Kummer und werden durch ein neues Tier ersetzt. Den Zuschauern fällt das nicht auf, denn für uns Menschen sehen alle Delphine einer Art ziemlich gleich aus. Auch für den berühmten Fernsehdelphin Flipper wurde eine ganze Reihe von Tieren „verbraucht".

Der fröhliche Gesichtsausdruck kann täuschen: Delphine scheinen immer zu lächeln. Die Qualen und die Not der Gefangenschaft sind ihnen nicht anzusehen.

Wie werden Delphine als „Soldaten" mißbraucht?

Delphine sind gelehrig, zur Zusammenarbeit mit Menschen bereit, und sie sind ausgezeichnete Taucher. Was also liegt näher, als sie für militärische Zwecke zu dressieren?

Tatsächlich haben die Amerikaner im Vietnamkrieg in den sechziger Jahren damit begonnen, Delphine als „Kampfschwimmer" auszubilden. Die Tiere wurden darauf abgerichtet, feindliche Taucher in den Flüssen und an den Küsten Vietnams aufzuspüren und ihnen den Atemschlauch zu entreißen. Andere Tiere lernten, feindliche Treibminen aufzuspüren oder Unterwasser-Haftminen an Schiffsrümpfen anzubringen.

Auch das hervorragende Schallortungssystem der Delphine hat es der US-Marine angetan. Zur Zeit versucht sie herauszufinden, wie Delphine und Weißwale als „biologische Radarstation" zum Auffinden von Unterwasser-Gegenständen verwendet werden können.

Sind Delphine „jemand"?

Mit dieser Frage mußte sich 1977 ein amerikanisches Gericht auseinandersetzen. Ein Tierpfleger hatte nämlich zwei Delphine heimlich in die Freiheit entlassen, die an der Universität Hawaii für Experimente gefangengehalten worden waren. Er und die Delphine hatten die Leiden nicht mehr ertragen können.

Vor Gericht gab *Kenneth Le Vasseur*, der Befreier, alles zu. Er sagte, das Einsperren und das Experimentieren seien für die Delphine grausam wie Zwangsarbeit gewesen. Er habe dieses Übel von ihnen abwenden wollen. Nach amerikanischem Recht darf man eine Straftat begehen, wenn man damit ein großes Übel von „jemandem" abwenden kann.

Der Richter sah im Einsperren eines freiheitsliebenden Delphins in Einzelhaft ein großes Übel. Aber dann ging es um die Frage, ob ein Delphin tatsächlich „jemand" ist. Richter *Doi* sagte: „Nein. Denn dann kommen wir von Delphinen zu Orang-Utans, Schimpansen, Hunden und Katzen und so weiter. Delphine sind kein ,Jemand'."

Was Richter Doi damit sagen wollte, ist folgendes: Wir dürfen nicht unterscheiden zwischen sympathischen und weniger sympathischen Tieren. Wir müssen entweder eine klare Linie zwischen Mensch und Tier ziehen. Oder wir müssen auch andere Tiere, und nicht nur Delphine, schonen. Wenn wir glauben, daß Delphine Rechte haben sollten, dann müssen wir auch viele andere hochentwickelte Tiere vor Tierversuchen und Schlachthäusern schützen.

Man kann die Sache auch umdrehen. Delphine sind hochintelligente, feinfühlige Lebewesen. Je mehr wir über sie wissen, desto klarer wird uns: Wir haben kein Recht, Tiere als Sachen zu betrachten, nur weil sie keine Menschen sind.

Delphine als Kampfschwimmer: Während des Vietnamkrieges wurden Delphine von den Amerikanern darauf abgerichtet, feindlichen Tauchern den Atemschlauch zu entreißen. Auch heute noch werden Delphine in den USA und in Rußland für den Kriegseinsatz trainiert.

Die bekanntesten Wale und ihre Besonderheiten

Amazonasdelphin

Größe: etwa zwei bis höchstens zweieinhalb Meter

Lebensraum: Süßwasser des Amazonas von der Mündung bis in die Anden

Nahrung: Fisch

Sozialverhalten: Paarbildung

Besonderheiten: folgt bei Hochwasser den Fischen bis in die Überflutungsgebiete, ohne sich jemals zu verirren.

Bestand heute: unbekannt. Gefährdet nicht durch Jagd, sondern durch Umweltzerstörung. Viele Delphine verstricken sich auch in Fischnetzen und ertrinken.

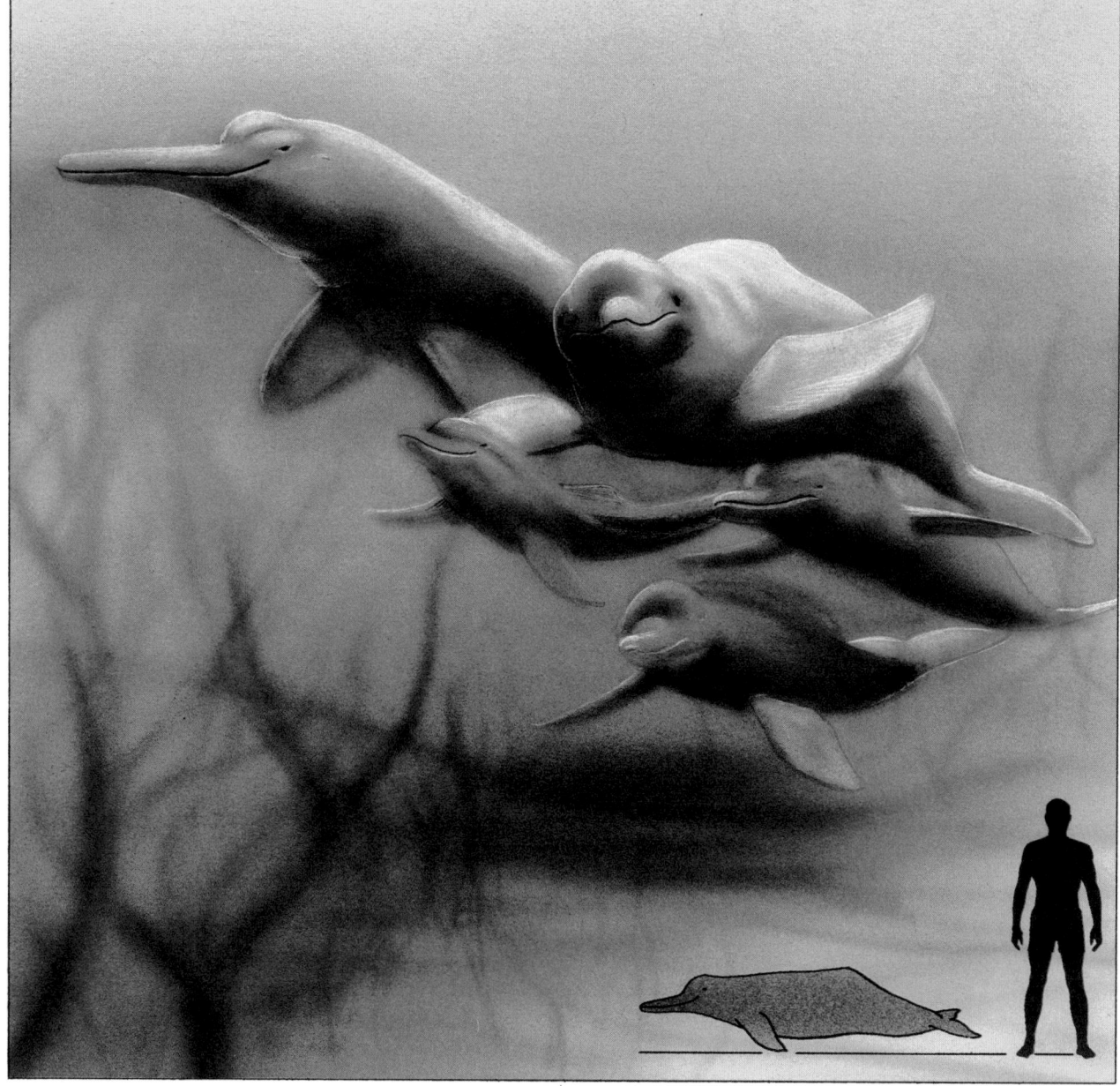

78

Blauwal

Größe: etwa 25 bis höchstens 33 Meter, Gewicht 100 bis 140 Tonnen
Lebensraum: überall im kalten Wasser und auf offener See
Nahrung: Krebse (vor allem antarktischer Krill)
Sozialverhalten: lockere Gruppen von drei bis vier Tieren

Besonderheiten: wandert zur Nahrungssuche in kalte und zur Fortpflanzung in warme Gewässer
Bestand heute: in den Meeren der nördlichen Halbkugel etwa 3000, in der Antarktis 500. Früher: 250000 Exemplare

Blauweißer Delphin

Größe: etwa 2,5 bis höchstens drei Meter
Lebensraum: alle warmen Meere, oft in der Nähe von Thunfischbeständen
Nahrung: Fische
Sozialverhalten: kaum bekannt. Schulen mit 25 bis 2000 Tieren.
Besonderheiten: Jüngere Tiere leben manchmal in eigenen Gruppen.

Bestand heute: im Pazifik nach optimistischen Schätzungen 500000. Von den Japanern stark verfolgt. Etwa 200000 Exemplare werden jährlich als „Fischereischädlinge" getötet. Viele Tausende kommen in den Netzen der Thunfischer um. Im Mittelmeer durch Umweltverschmutzung gefährdet.

Brydewal

Größe: etwa zwölf bis höchstens 15 Meter
Lebensraum: warme Gewässer nicht unter
20 Grad Celsius. Wanderungen auf der Suche nach Nahrung
Nahrung: Plankton und Fisch
Sozialverhalten: unbekannt. Wahrscheinlich kleinere Gruppen

Besonderheiten: Wurde beim Fang oft mit
dem Seiwal verwechselt, von dem er sich
durch längere Kehlfurchen unterscheidet.
Bestand heute: 2000 bis höchstens 20000. Extrem gefährdet

Buckelwal

Größe: etwa 15 bis höchstens 19 Meter
Lebensraum: alle Weltmeere. Im Winter in
tropischen und subtropischen Gewässern,
im Sommer in den polaren Regionen außerhalb des Packeises
Nahrung: Plankton und Fisch

Sozialverhalten: Familien mit drei bis vier
Mitgliedern
Bestand heute: Nordhalbkugel und Antarktis jeweils 4000; früher 100000. Stark gefährdet durch Jagd, Fischerei, Umweltverschmutzung und Tourismus

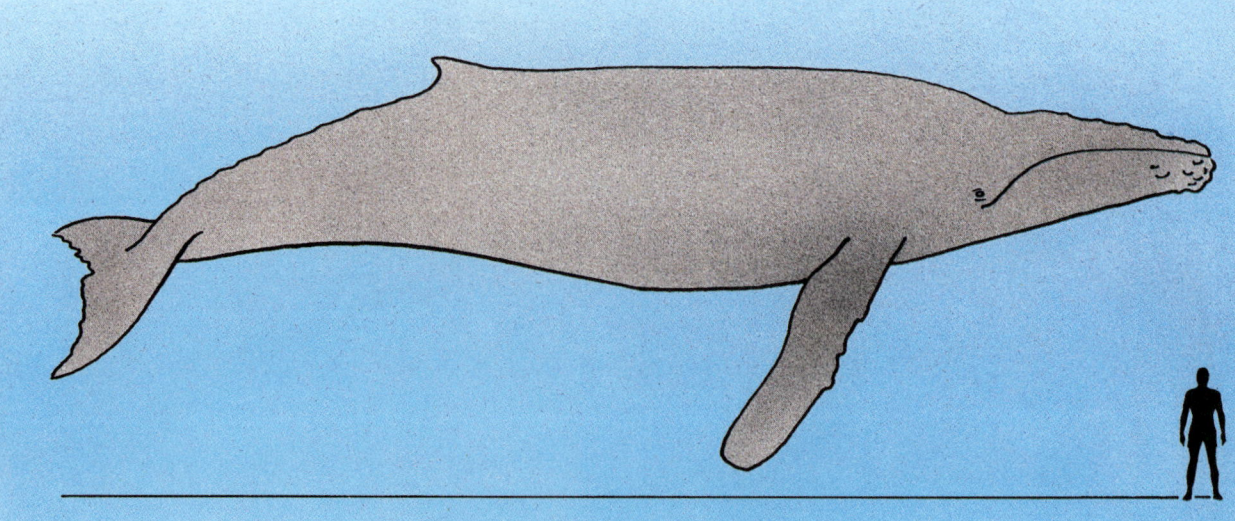

Ein Buckelwal

Commersondelphin
Größe: etwa anderthalb Meter
Lebensraum: hauptsächlich Südatlantik
Nahrung: Fisch, Tintenfisch, Krill
Sozialverhalten: kleine Gruppen
Besonderheiten: eines der Beutetiere des
Schwertwals
Bestand heute: unbekannt

Cuvier-Schnabelwal
Größe: sechs bis sieben Meter
Lebensraum: bevorzugt wärmere Gewässer
und die hohe See.
Nahrung: Fisch und Tintenfisch
Sozialverhalten: Familienverbände mit etwa
15 Tieren
Besonderheiten: Kratzspuren auf der Haut
lassen vermuten, daß die Tiere miteinander
kämpfen.
Bestand heute: unbekannt

Finnwal
Größe: etwa 21 bis höchstens 25 Meter
Lebensraum: alle Weltmeere, sogar Mittel-
meer. Unregelmäßige Wanderungen
Nahrung: Fisch und Plankton
Sozialverhalten: Gruppen von sechs bis
15 Tieren, bei reichem Nahrungsangebot
auch größere Gruppen
Besonderheiten: schnellster Großwal; kann
100 Jahre alt werden.
Bestand heute: 22 000 bis 26 000 von früher
600 000

Gemeiner Delphin

Größe: etwa zwei bis höchstens zweieinhalb Meter

Lebensraum: überall in tropischen und warmen Meeren, im Küstenbereich wie auf hoher See. Wandert bisweilen sogar in die Ostsee ein

Nahrung: Fische, Tintenfische

Sozialverhalten: Gruppen von zwei Dutzend bis Tausenden Tieren mit hoher Sozialintelligenz: Sie kennen und helfen einander.

Besonderheiten: kann im Sprung Fliegende Fische erbeuten.

Bestand heute: unbekannt. Im Schwarzen Meer fast ausgerottet, da die Sowjetunion bis 1966 jährlich 130 000 Exemplare tötete. Türkei und Bulgarien jagen heute noch. In der Nordsee durch Umweltverschmutzung gefährdet.

Grauwal

Größe: etwa zwölf bis höchstens 15 Meter

Lebensraum: Nordpazifik, Meere vor Kalifornien und Mexiko sowie vor Korea

Nahrung: Benthos

Sozialverhalten: Einzelgänger, die sich zur Fortpflanzungszeit zu Gruppen zusammenschließen.

Besonderheiten: wandert jährlich 20 000 Kilometer.

Bestand: Koreanischer Grauwal unbekannt, wahrscheinlich kritisch. Kalifornischer Grauwal 11 000 bis 16 000 (früher bis 30 000). Atlantischer Grauwal ausgerottet

Grindwal

Größe: fünf bis höchstens acht Meter
Lebensraum: in tiefen Gewässern von Nord-atlantik, Nordsee, Ostsee, Mittelmeer
Nahrung: Fisch und Tintenfisch
Sozialverhalten: Gruppen von sechs bis manchmal über hundert Tieren mit straffer Rangordnung und Leitbullen

Besonderheiten: manchmal Massenstran-dungen
Bestand heute: etwa 50 000 Tiere. Im Nord-pazifik (vor Japan) seit langem ausgerottet. Wird noch heute vor den Faröer-Inseln (zwi-schen Dänemark und Island) gejagt, indem die Jäger Massenpaniken unter den Tieren auslösen.

Grönlandwal

Größe: etwa 15 bis höchstens 20 Meter
Lebensraum: arktische und subarktische Ge-wässer bis in die Eiszone
Nahrung: Mikroplankton
Sozialverhalten: einzeln oder kleinste Grup-pen; früher vermutlich größere Gruppen

Besonderheiten: kann Eisdecken bis zu ei-nem Meter Stärke durchbrechen. Schwimmt im Spaziergängertempo (fünf Stundenkilo-meter). Englische Walfänger nennen ihn deshalb „Right Whale", den „richtigen Wal" für den Fang – weil er leicht zu jagen ist.
Bestand heute: etwa 3 000 von früher 60 000 Exemplaren. Extrem gefährdet.

Großer Tümmler

Größe: etwa drei bis höchstens vier Meter
Lebensraum: Küstennähe aller wärmeren Meere
Nahrung: Allesfresser
Sozialverhalten: Gruppen bis zu 15 Tieren, die einander helfen. Sehr kontaktfreudig auch Menschen gegenüber

Besonderheiten: gelehrig, Lebensretter von Menschen, Helfer beim Fischfang, Star von Delphinshows („Flipper")
Bestand heute: unbekannt. Gefährdet durch Umweltverschmutzung und durch die Netze von Thunfischern

Narwal
Größe: etwa fünf bis höchstens sechs Meter
(ohne Zahn)
Lebensraum: Arktis
Nahrung: Tintenfische, Krabben
Sozialverhalten: Gruppen von sechs bis
zehn Tieren

Besonderheiten: Männchen, selten auch
Weibchen, tragen einen gedrehten Zahn als
„Einhorn", der über zwei Meter lang werden
kann. Dient vermutlich dazu, anderen
Männchen zu imponieren.
Bestand heute: weltweit höchstens 20000.
Stark gefährdet

Nördlicher Entenwal
Größe: etwa neun Meter
Lebensraum: im Sommer Nordatlantik bis
Arktis, im Winter südlicher bis auf die Höhe
Südeuropas
Nahrung: Tintenfische

Sozialverhalten: Gruppen von vier bis zehn
Tieren mit starken Sozialkontakten
Besonderheiten: von allen Kleinwalen ver-
mutlich am stärksten gefährdet

Pottwal
Größe: etwa 15 bis höchstens 19 Meter
Lebensraum: in allen Weltmeeren
Nahrung: Tintenfisch
Sozialverhalten: kaum bekannt. Weibchen
leben vermutlich mit Jungen in Gruppen
ohne Leitbullen.
Besonderheiten: Tieftaucher
Bestand heute: höchstens 500000

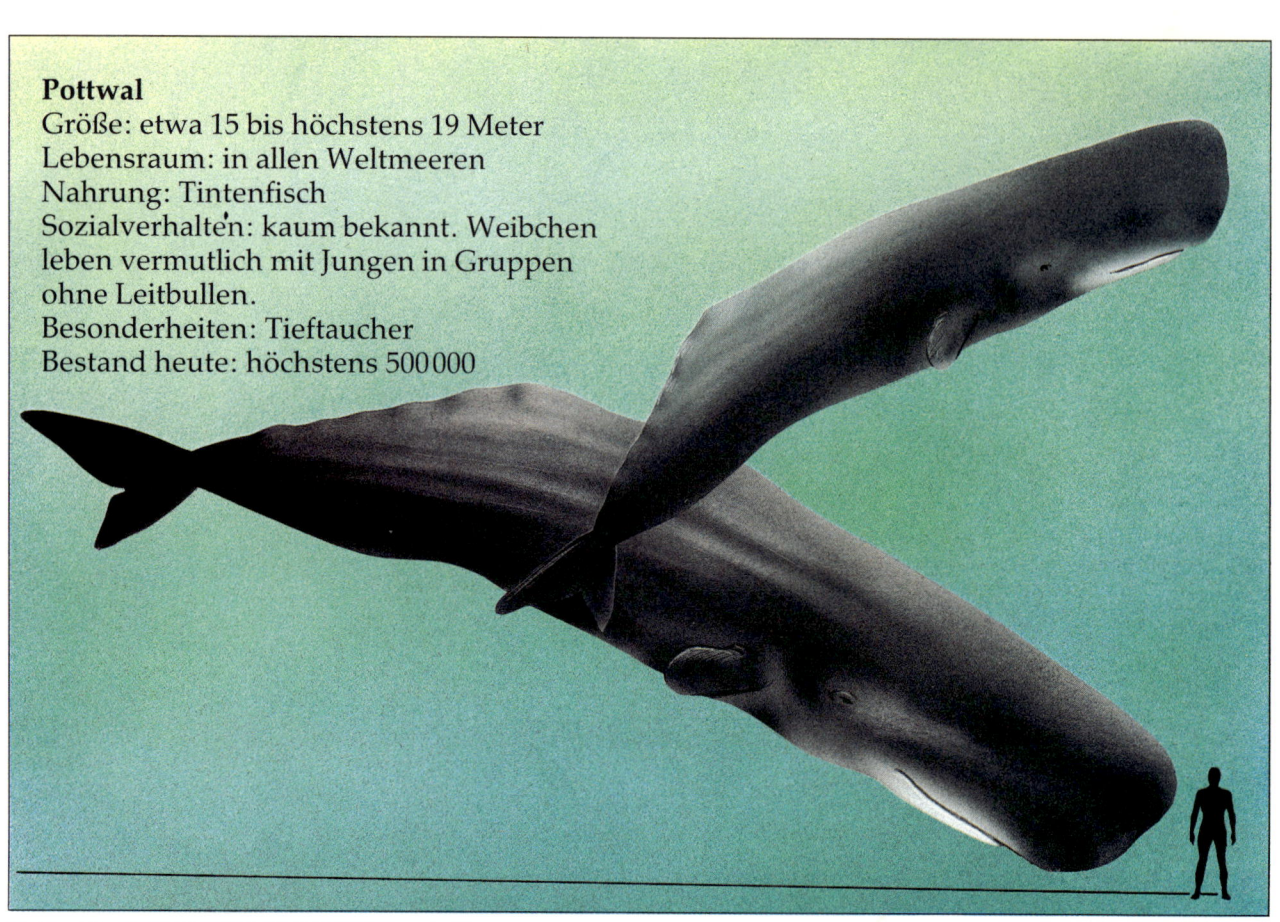

Rauhzahndelphin
Größe: etwa zweieinhalb Meter
Lebensraum: tropische Gewässer und
Mittelmeer
Nahrung: Fisch und Tintenfisch
Sozialverhalten: in freier Natur unbekannt
Besonderheiten: in Gefangenschaft sehr
gelehrig und kontaktfreudig
Bestände: unbekannt. Möglicherweise
durch Thunfischerei gefährdet

Schweinswal

Größe: etwa anderthalb bis höchstens zwei Meter
Lebensraum: zumeist polare Gewässer, manchmal jedoch auch Mittelmeer und Schwarzes Meer
Nahrung: Fisch

Sozialverhalten: Gruppen von zehn bis 15 Tieren; genaue Rangordnungen
Bestand heute: ungewiß. Gefährdet durch Fischerei, Tourismus und Umweltgifte, die zu einer niedrigen Geburtenrate führen.

Schwertwal

Größe: etwa acht bis höchstens zehn Meter
Lebensraum: alle Meere, bevorzugt Küstennähe
Nahrung: Fische, Robben, Vögel und andere Wale
Sozialverhalten: Gruppen von fünf bis 20 Tieren

Besonderheiten: jagen in der Gruppe und treiben sich gegenseitig die Beute zu.
Bestand heute: unbekannt. Als eine der wenigen Walarten vermutlich nicht vom Aussterben bedroht.

Seiwal
Größe: etwa 15 bis höchstens 20 Meter
Lebensraum: offene See, vermeidet Küsten-
gewässer
Sozialverhalten: Kleingruppen, größere
Schulen in reichen Jagdgründen

Besonderheiten: weite Wanderungen auf
wechselnden Wegen
Bestand heute: 10000 bis 23000 von früher
200000 Exemplaren

Südlicher Glattdelphin
Größe: etwa zwei Meter
Lebensraum: Meere der südlichen Halb-
kugel, auch Nordpazifik
Nahrung: Fisch und Tintenfisch
Sozialverhalten: ziemlich unbekannt, Grup-
pen von 30 bis 1000 Tieren

Besonderheiten: Schiffen und Menschen
gegenüber sehr scheu. Schneller Schwimmer trotz fehlender Rückenflosse
Bestand heute: unbekannt

Weißseitendelphin

Größe: etwa zweieinhalb bis höchstens drei Meter
Lebensraum: Nordatlantik, Ostsee, Adria, bisweilen auch Nordsee
Nahrung: Fisch und Tintenfisch
Sozialverhalten: Großgruppen mit bis zu 50 Tieren

Besonderheiten: wird oft mit anderen Arten verwechselt
Bestand heute: unbekannt. Gefährdet durch Umweltverschmutzung, Nahrungsmangel wegen Überfischung und Fischnetze

Weißwal

Größe: etwa vier bis höchstens fünf Meter
Lebensraum: arktische und subarktische Gewässer mit Temperaturen unter 15 Grad Celsius
Nahrung: alles, was in Bodennähe schwimmt und kriecht
Sozialverhalten: wandert in Großgruppen; sonst nur Weibchen mit Jungen und Gruppen von Männchen

Besonderheiten: Kann Atemlöcher in Packeis schlagen. Kommt oft in Küstennähe und ist daher leicht zu fangen. Wandert bisweilen auch Flüsse hoch (zum Beispiel 1966 den Rhein bis nach Bonn).
Bestand heute: 26 000 bis 32 000. Gefährdet, weil leicht zu fangen

91

Register

FRAG MICH WAS

Die neue Sachbuchgeneration

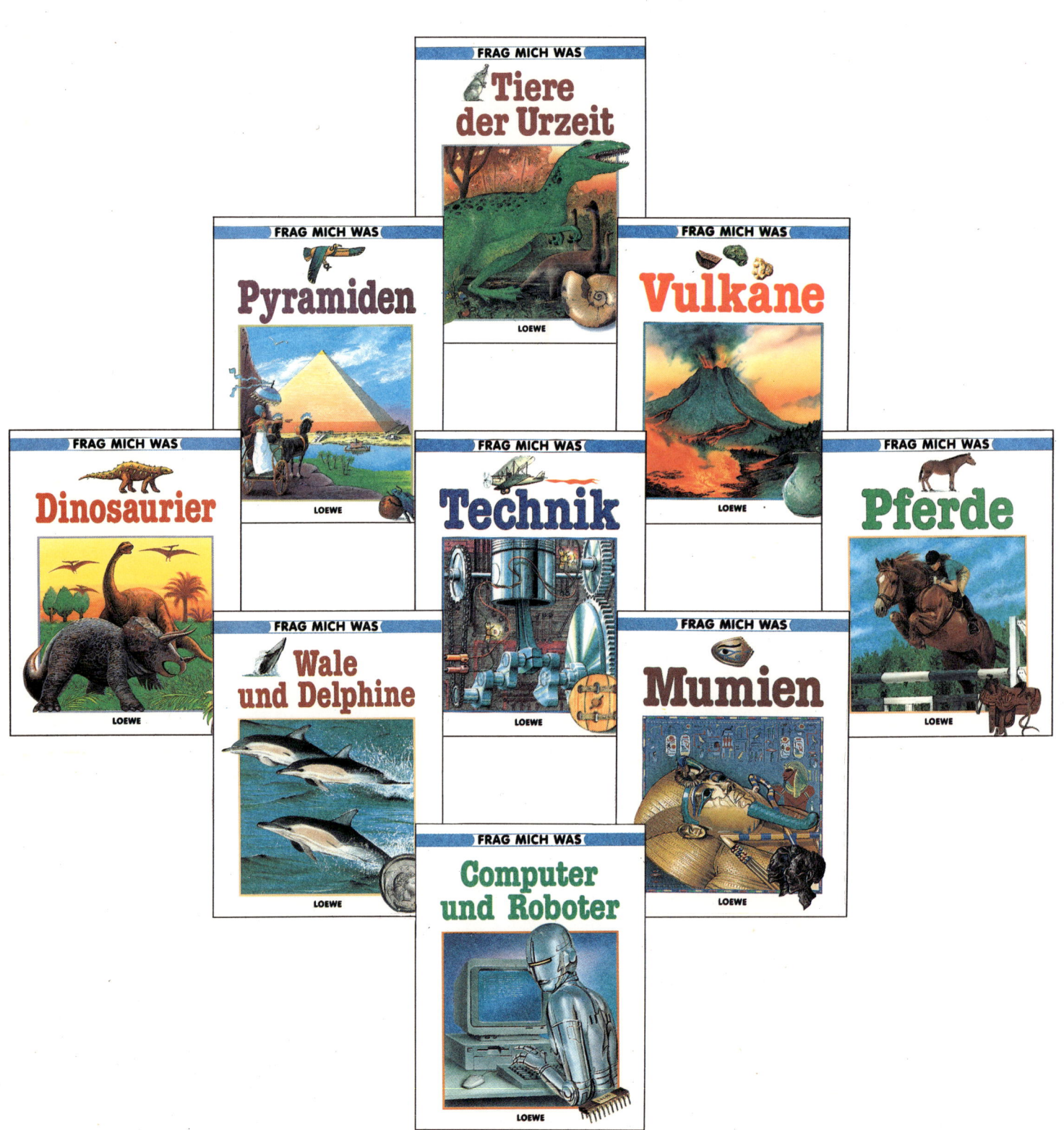